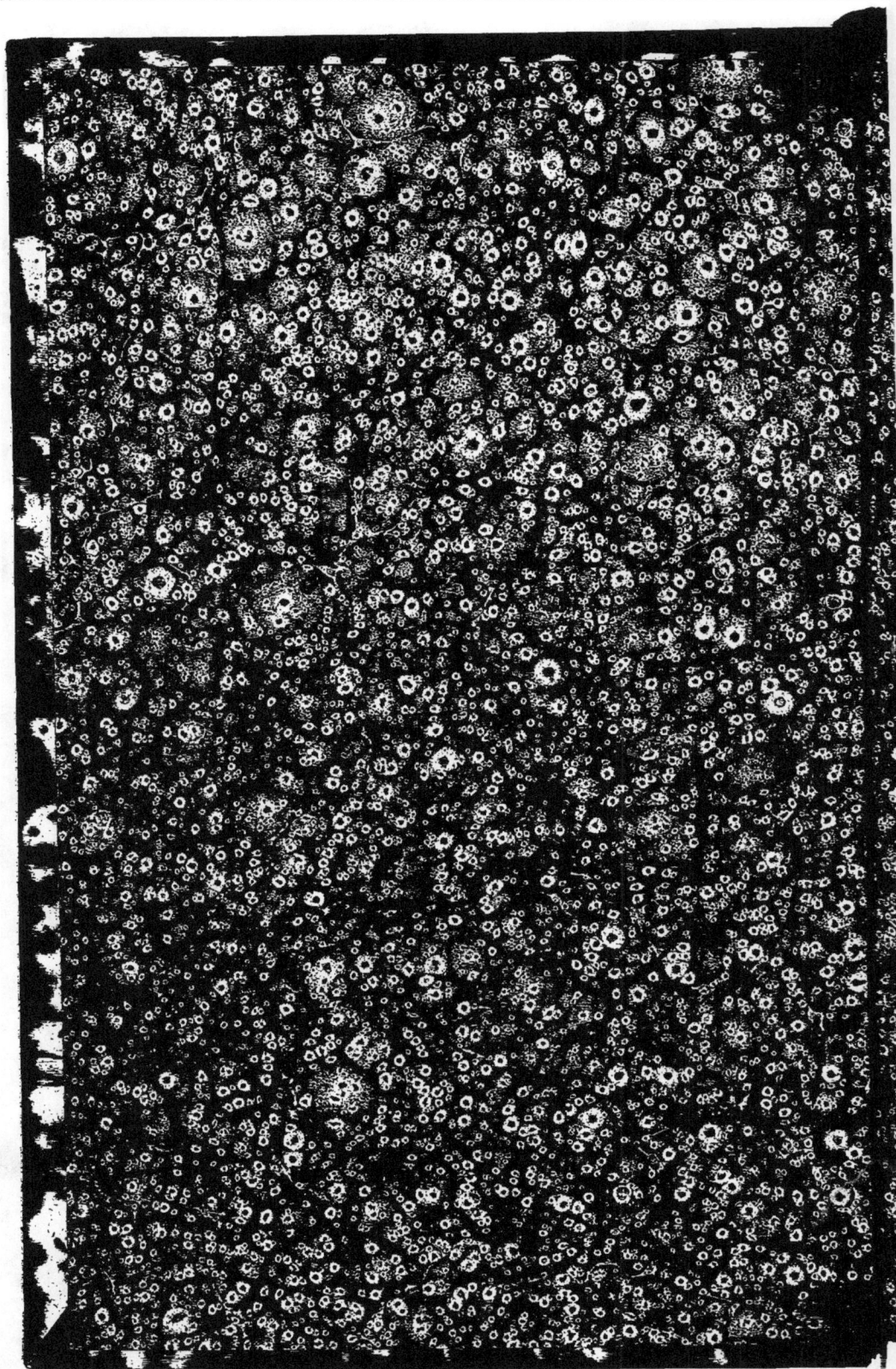

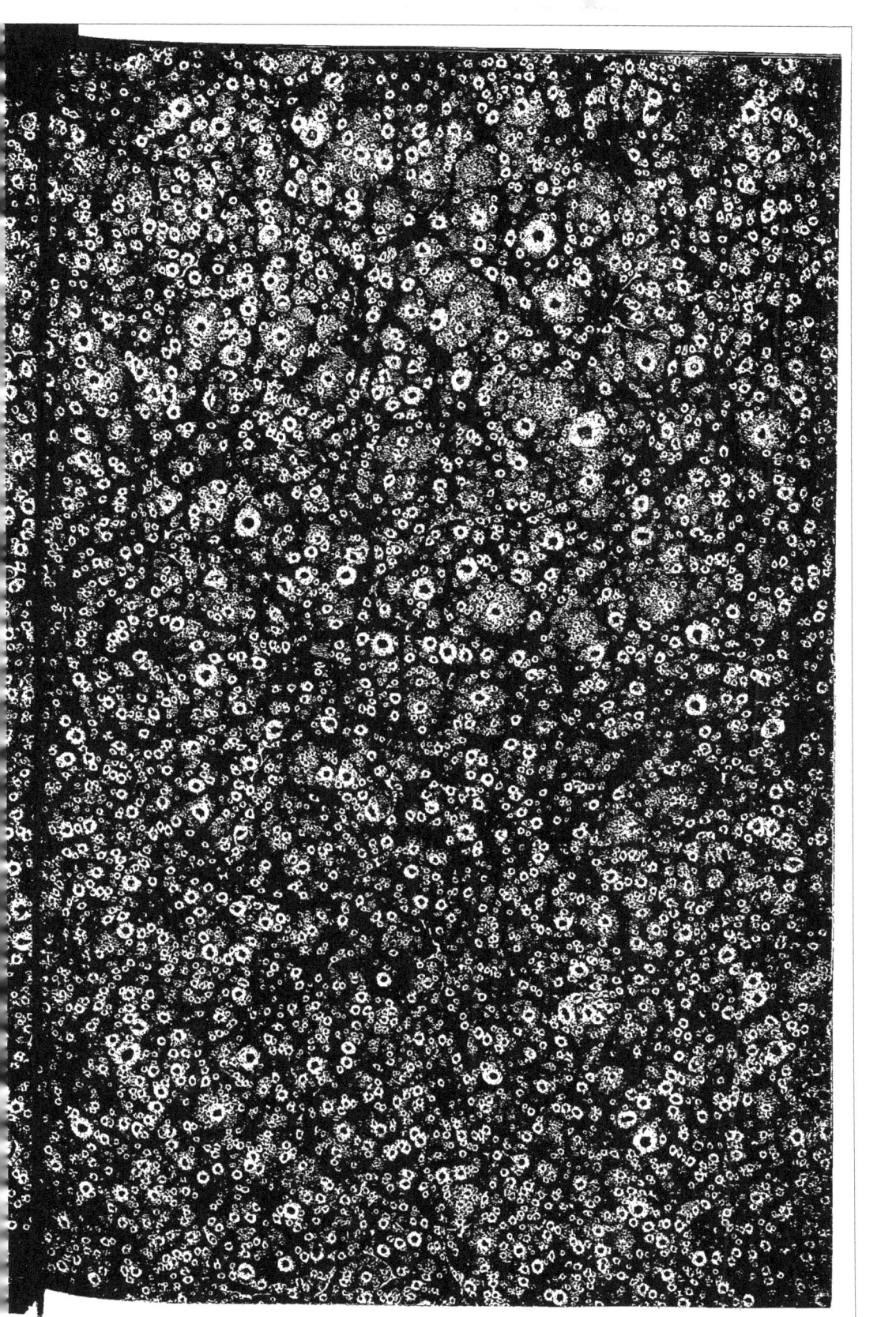

Γ

DE LA CONCURRENCE

DES

HUISSIERS ET DES GREFFIERS

AVEC LES NOTAIRES.

IMPRIMERIE DE COSSE ET Cie,
R. CHRISTINE, 2.

DE LA CONCURRENCE

DES

HUISSIERS ET DES GREFFIERS

AVEC

LES NOTAIRES

EN FAIT DE VENTES PUBLIQUES DE MEUBLES A CRÉDIT
ET DE RÉCOLTES ET ARBRES SUR PIED.

Par M. HOUYVET,

Avocat à Saint-Lô, bâtonnier de l'ordre, ch^{er} de la Légion d'honneur.

PARIS

IMPRIMERIE ET LIBRAIRIE GÉNÉRALE DE JURISPRUDENCE
DE COSSE ET N. DELAMOTTE,
Directeurs des journaux des Justices de paix et des Huissiers,
PLACE DAUPHINE, 27.

1847

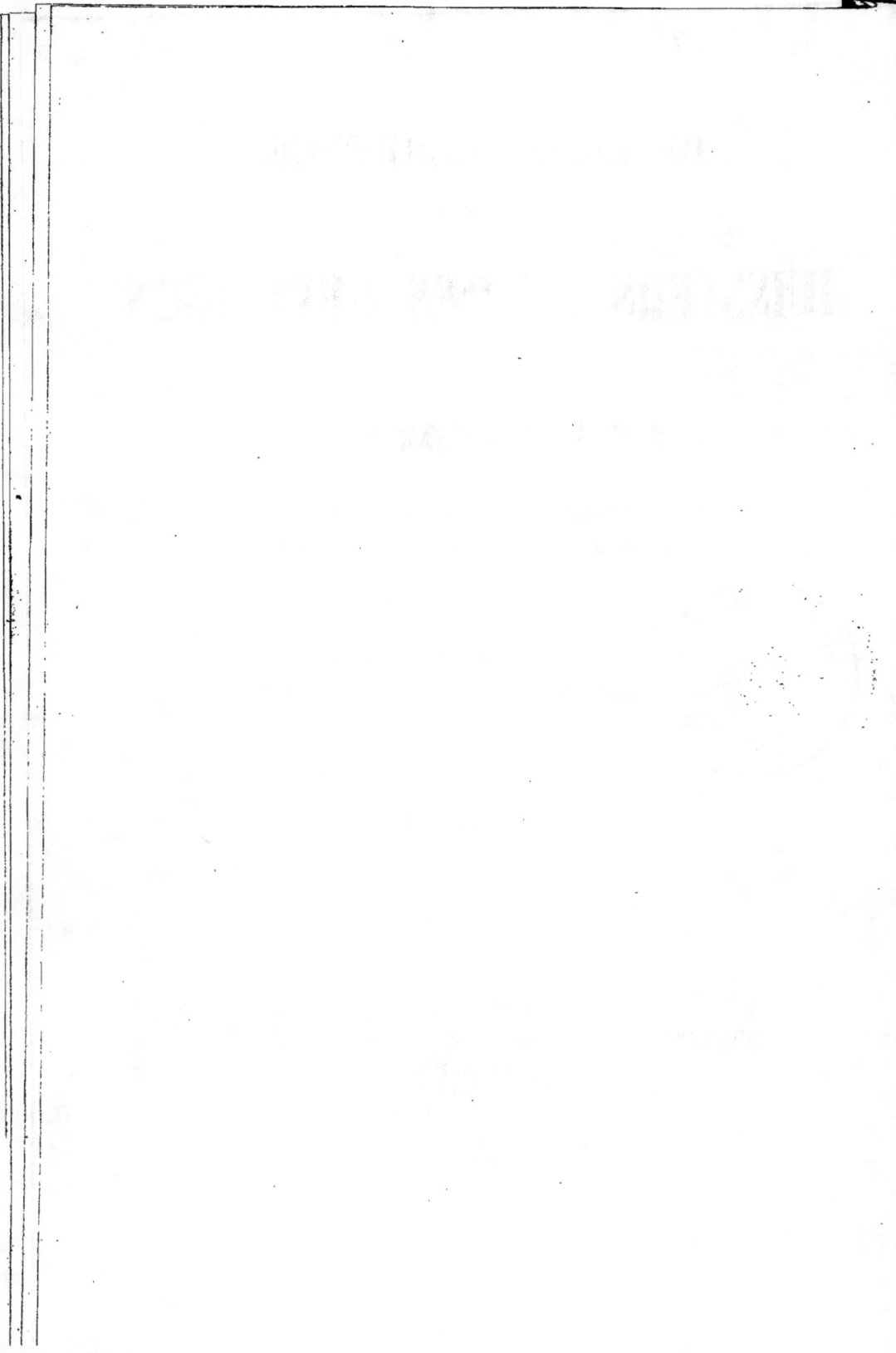

DE LA CONCURRENCE
DES HUISSIERS ET DES GREFFIERS
AVEC LES NOTAIRES.

Les notaires de l'arrondissement de Saint-Lô viennent de soulever à leur tour des questions plusieurs
fois agitées dans ces derniers temps, soit devant les
tribunaux, soit devant les chambres législatives. Ils
veulent faire juger que les ventes publiques de meubles, attribuées aux huissiers et greffiers concurremment avec eux, ne comprennent ni les ventes à crédit,
ni les ventes d'arbres ou récoltes sur pied.

Il nous eût semblé étonnant que la foi publique se
fût si longtemps égarée, car depuis plus de trois cents
ans les huissiers ont eu la concurrence et souvent
même la préférence pour ces deux espèces de ventes
comme pour les autres : ils ont traité de leurs charges sur la foi de cette possession : les ventes à crédit sont de nécessité dans les départements; celles
des récoltes sur pied sont nombreuses dans divers
cantons : interdire aux huissiers et grefffiers d'y procéder, ce serait réduire de plus de moitié la valeur
de leurs charges, et priver le public d'une concurrence avantageuse et même nécessaire; car les notaires ne suffiraient plus aux besoins de la plupart des

1

localités : eux-mêmes auraient bientôt à regretter la nouvelle concurrence qu'ils se seraient attirée ; il deviendrait nécessaire de créer de nouveaux notariats dans la plupart des cantons ; dans les villes mêmes, les notaires actuels ne suffiraient plus aux ventes à crédit, si elles étaient enlevées aux commissaires-priseurs.

Un examen sérieux nous a convaincu que le sens public ne s'était pas trompé, et nous espérons faire partager cette conviction en rapprochant les textes et les accompagnant d'observations pour en faire ressortir l'esprit et la suite. Nous avons eu l'occasion d'éprouver que l'une des difficultés de la matière est celle de se reporter aux anciens textes et à l'ancienne jurisprudence, qui en avait si bien fixé le sens. Nous avons cru aussi, qu'en plus d'un débat, on n'avait pas suffisamment mis en relief le vrai caractère des ventes contestées aux huissiers et greffiers, le véritable rôle de l'officier public dans la confection des ventes de meubles à l'encan, et par suite la vraie source, comme le vrai caractère de la compétence des notaires en ces matières.

Nous ne nous proposons pas de fournir ici une discussion proprement dite, mais seulement de rassembler des matériaux, où chacun puisse trouver au besoin les éléments de sa conviction personnelle.

Législation, jurisprudence et principes, au point de vue des ventes à crédit, telle sera la première partie de notre travail ; — dans la seconde partie, nous nous occuperons plus spécialement des ventes d'arbres et récoltes sur pied.

PREMIERE PARTIE.

DES VENTES A CRÉDIT.

Si l'on en croit les notaires, institués pour recevoir et constater les conventions des parties, ils tiennent de la loi même de leur institution le droit de procéder aux ventes de meubles à l'encan.—Si une concurrence a été établie au profit des huissiers, greffiers ou commissaires-priseurs, c'était seulement pour les ventes au comptant, où tout se termine à l'instant même, et se réduit à un pur fait sans suites ultérieures.

Mais les ventes à crédit sont de véritables conventions qui doivent avoir des suites ultérieures et pour lesquelles les parties doivent pouvoir se procurer une preuve authentique. Or, le procès-verbal que les huissiers et greffiers en pourraient dresser ne serait ni authentique, ni exécutoire, ni collatif d'hypothèque.

Donc, selon les notaires, la concurrence dont il s'agit ne comprend pas et ne peut pas comprendre les ventes à crédit.

Nous croyons, au contraire, que la législation et la jurisprudence sur les ventes à l'encan repoussent cette distinction entre les ventes au comptant et les ventes à crédit;

Que pour les unes comme pour les autres, les huissiers et les greffiers ont toujours eu la concurrence avec les notaires, et même, en bien des cas, la préférence;

Et que les procès-verbaux qu'ils sont appelés à en

1.

dresser sont authentiques comme ceux des notaires eux-mêmes.

Nous croyons aussi que les ventes au comptant sont des conventions du même genre que les ventes à crédit, et peuvent comme elles avoir des effets ultérieurs;

Que, du reste, les unes et les autres sont des conventions à part, qui ne rentrent point dans les attributions que les notaires tiennent de la loi de leur institution ; que ceux-ci n'ont droit de procéder à ces ventes qu'en vertu de lois spéciales, qui ne leur accordent qu'une simple concurrence, des bornes de laquelle ils ne peuvent sortir.

Diviser par périodes la législation et la jurisprudence correspondante, ce sera en faciliter l'intelligence et l'appréciation.

Qu'on ne s'étonne pas de nous voir insister sur l'ancienne législation : ses dispositions réglementaires sont toujours en vigueur, et d'ailleurs, pour bien apprécier un établissement, il n'est pas inutile d'en scruter l'origine et d'en suivre les progrès.

§ Ier. — Législation et jurisprudence pendant la période de 1556 à 1771.

Les premiers règlements sur les ventes de meubles à l'encan, s'appliquaient exclusivement à la ville de Paris.

En février 1556, il fut rendu un édit applicable aux autres parties du royaume (Rolland de Villargues, *Code du Notariat*, p. 143). — Son préambule énumère les abus et les fraudes qui se commettaient dans les prisées et ventes *de meubles délaissés par trépas ou prins par exécution*.

Pour y remédier, cet édit crée des offices de *priseurs-vendeurs de biens meubles*, pour être établis dans toutes les villes et bourgs du royaume où il y a juridiction royale, et pour « faire *privativement à tous autres*, toutes « et chacune les prisées et estimations de *tous biens* « *meubles délaissés par le décès et trépas* de toutes per- « sonnes, *ou prins par exécution, baillés en garde ou* « *autrement ; —* ..... et semblablement *feront ventes* « *publiques desdits meubles....,* — *de quelque nature* « *ou espèce que soient lesdits meubles.....* — sans qu'il « soit dorénavant permis ou loisible à frippiers, ni à nos « huissiers, sergents *ou aucunes autres personnes,* eux « ingérer ne s'entremettre de plus faire lesdites estima- « tions, prisées et ventes, ne semblablement *aux parti-* « *culiers* les faire faire par autres que lesdits priseurs- « vendeurs, aux villes et lieux où seront, par ci-après « par nous établis, sinon que lesdits sergents fussent « requis et priés par lesdites parties *assister seulement* « ès dites ventes, qui *se feront par lesdits priseurs-ven-* « *deurs.* »

Reprenant ensuite ce qui concerne les cas où il y a in-ventaire et ceux où il y a saisie, cet édit indique d'abord comment s'opère et se constate la prisée faite en même temps que l'inventaire : « Et quant aux prisées et esti- « mations qui seront faites *après l'inventaire* et sembla— « blement pour le fait desdites ventes ;

   « Voulons et ordonnons que d'icelles prisées, *sembla-* « *blement desdites ventes,* lesdits priseurs-vendeurs fas-

« sent *bon* et *fidèle* registre qu'ils garderont par devers
« eux, pour y *avoir recours quand besoin sera*, et déli-
« vrer copies et extraits aux parties qui le requerront,
« auxquels *voulons foi être ajoutée comme aux registres*
« *et actes publics....* »

Passant après cela aux cas de saisie-exécution, l'édit
veut que les huissiers ou autres qui auront fait la saisie
remettent incontinent aux jurés-priseurs l'inventaire
qu'ils auront fait des meubles saisis, dûment signé d'eux,
« pour être lesdits meubles *premièrement* prisés et esti-
« més, si la partie le requiert, et non autrement, et *par*
« *après* être vendus à l'enquant et plus offrant, *par les-*
« *dits priseurs-vendeurs et non autres....*

« Es quelles ventes et délivrances lesdits sergents qui
« auront fait lesdites exécutions ou autres qu'il plaira aux
« *parties exécutées*, pourront *assister* et *être présents*
« comme dessus, lesquelles ventes *se feront par les pri-*
« *seurs-vendeurs.....*

« Et seront lesdits priseurs-vendeurs tenus recevoir
« les deniers desdites ventes, pour incontinent, ou trois
« jours après plus tard les délivrer *aux poursuivants les-*
« *dites ventes*, ou autres qu'il appartiendra....... Sinon
« que les sergents à cheval ou autres *poursuivants lesdites*
« *ventes* ou les parties *eussent commis autres personnes*
« POUR RECEVOIR LESDITS DENIERS, — ou que le sergent qui
« aurait fait *ladite exécution ou saisie desdits meubles*, ne
« retournât dedans la huitaine après lesdites ventes....»

Il est évident que les ventes dont s'occupe cet édit
devaient être faites à l'exclusion des notaires, et que les
jurés-priseurs étaient autorisés à en dresser des procès-

verbaux *authentiques*; s'il est question de la réception immédiate du prix, c'est seulement à l'occasion des ventes sur saisie-exécution, et en tout cas pour empêcher l'instrumentaire de retenir les deniers. C'est ce que confirme la partie corrélative du préambule, où on lit : « Et « d'avantage nos sergents à cheval prenant charge de nos « receveurs pour le recouvrement de nos amendes, tailles « et autres nos deniers et affaires, — Semblablement « pour autres particuliers *ayant fait exécution*, vente de « meubles en un lieu, ont par ci-devant retenu et retien-« nent les deniers longuement entre leurs mains pour « les autres voyages et *diverses exécutions* qu'ils entre-« prennent en diverses contrées et pays, qui est venu au « grand intérêt et retardement de nos deniers et de nos « sujets, faisant grand séjour aux dépens des parties. »

Les huissiers entravèrent autant qu'il fut en eux l'exécution de cet édit et l'établissement des offices par lui créés.

Un édit de mars 1576, cédant à cette résistance, autorisa les huissiers et les maîtres priseurs-vendeurs à remplir indifféremment les fonctions les uns des autres, *unissant et incorporant* les corps et communautés des sergents ordinaires et des maîtres priseurs-vendeurs. (Guénois, *Conférence des Ordonnances*, tome 1er, titre des Huissiers et Sergents, § 23, p. 1119.)

Des lettres patentes du 11 novembre 1576 (*Ibid.*, p. 1120) ordonnèrent qu'ils prendraient tous des provisions pour cet effet; mais ces provisions entraînaient une finance, et les huissiers se dispensèrent de la payer tout en continuant à exercer les deux fonctions; c'est

ce que constate un édit de 1597 (*Ibid.*, p. 1120), qui
« défend toutes recherches contre eux à ce sujet, et les
« autorise à jouir de la qualité et droits de maîtres pri-
« seurs-vendeurs, que nous avons derechef, en tant que
« besoin est ou serait, *unis et incorporés à l'office et*
« *qualité d'huissiers et sergents*, et ceux qui sont héré-
« ditaires, héréditairement si bon leur semble en payant
« la taxe. »

Bien d'autres édits ou déclarations furent rendus pour
arriver à obtenir le paiement de ces taxes ; mais, comme
le dit le préambule de l'édit du 16 octobre 1696 (*Code
du Notariat*, p. 244), peu d'huissiers et sergents se mi-
rent en devoir « de financer pour acquérir le titre et les
« fonctions desdits offices de priseurs, *dont néanmoins*
« *ils prirent tous indifféremment la qualité.* »

C'est pourquoi cet édit prononça la désunion et la dis-
traction des offices de priseurs-vendeurs créés jusque-là
« d'avec ceux des huissiers et sergents ; et créa, en titre
« *d'offices formés et héréditaires*, des offices de *jurés-pri-*
« *seurs-vendeurs de biens meubles......*, lesquels, porte le
« texte, *feront seuls, à l'exclusion de tous autres, la pri-*
« *sée, exposition et vente de tous biens meubles*, soit
« qu'elles soient faites volontairement après les inven-
« taires ou par autorité de justice, — *en quelque sorte et*
« *manière que ce puisse être et sans aucune exception.* »

« Auxquels jurés-priseurs nous avons attribué la fa-
« culté *d'exploiter*, dans le cas d'exécution et vente de
« meubles seulement, et ce concurremment avec les
« huissiers ; — et recevront les deniers provenant des-
« dites ventes, *quand même les parties y appelleraient*
« *des huissiers.*

« Et avons attribué auxdits jurés-priseurs-vendeurs,
« pour tous droits et vacations..... et *pour chacun rôle*
« *de grosse* de leurs *procès-verbaux*, deux sols six de-
« niers.....

« Au moyen de quoi nous faisons défenses à tous
« huissiers et sergents de s'immiscer à faire lesdites pri-
« sées, expositions et ventes de meubles, *en quelque*
« *manière que ce soit*, — et aux contrôleurs des exploits
« de contrôler aucuns procès-verbaux et prisées de
« ventes de biens meubles qui seront faits par autres
« que par lesdits jurés-priseurs, à peine de cinq cents
« livres d'amende.....

« Défendons pareillement, et sous les mêmes peines,
« à tous huissiers et sergents de troubler les pourvus
« desdits offices dans les fonctions à eux attribuées. »

Du reste, il semble que cet édit, comme celui de
1556, n'avait pour objet que « les biens meubles délais-
« sés par les défunts et ceux saisis par autorité de jus-
« tice, » comme l'indiquent le début de son préambule
et le dispositif de la déclaration du 12 mars 1697, rendue pour son exécution (Néron et Girard, *Recueil des*
ordonnances, t. 2, p. 289), qui veulent que les jurés-
priseurs créés par cet édit « jouissent à l'avenir, tant
« pour la prisée que pour la vente qu'il feront des
« meubles, *après les inventaires*, ensemble pour les
« *ventes forcées et exécutions* qu'ils feront par autorité
« de justice, des mêmes droits et vacations dont ont joui
« jusqu'à présent ceux qui ont exercé ces fonctions. »

Nous ne parlerons pas des édits ou déclarations qui
ont pu intervenir depuis lors jusqu'à l'édit de février

1771 : ou ils sont relatifs à Paris seulement, ou ils n'apportent aucun changement sensible à ce qui précède.

Nous ne nous étendrons pas non plus en longs commentaires sur les dispositions survenues depuis l'édit de 1556. Nous nous bornerons à faire observer que nonseulement les notaires sont perpétuellement exclus par les jurés-priseurs, tandis qu'au contraire les offices de ces derniers sont longtemps et fréquemment réunis à ceux des huissiers et sergents ; — Que quand l'édit de 1696 prononce la désunion et crée de nouveaux jurés-priseurs, il les autorise toujours à dresser des procès-verbaux authentiques, par cela même qu'il les autorise à délivrer des grosses ; — Qu'il ne fait aucune distinction entre les ventes à crédit et les ventes au comptant ; — Que s'il parle du prix, c'est pour étendre le pouvoir des jurés-priseurs, qui, par l'édit de 1556, pouvaient être empêchés de le percevoir, si on appelait à cet effet un huissier ou sergent comme assistant à la vente, tandis que, d'après l'édit de 1696, *ils recevront les deniers provenant desdites ventes, quand même les parties y appelleraient des huissiers.*

Et pourquoi en effet insister davantage sur ces anciens textes ? la jurisprudence la plus imposante en avait fixé le sens ; il suffit de nous y reporter.

Soit que les jurés-priseurs n'eussent pas été installés partout, soit que les huissiers et sergents continuassent à faire les ventes concurremment avec eux, nous voyons constamment les uns et les autres vendre à crédit et même leurs procès-verbaux jouir de faveurs toujours refusées à ceux des notaires.

C'est ce que prouve le Dictionnaire des Domaines de Bousquet, édition de 1782, ouvrage qui jouissait avant la révolution de la plus haute autorité dans ces matières.

On y lit, tome 4, p. 350 : « VENTES *de meubles par* « *des notaires ou des greffiers* doivent être contrôlées « au *contrôle des actes* dans la quinzaine de la dernière . « vacation; — et le droit est dû *sur le montant de la vente* « et sur *le pied* réglé par l'article 3 du tarif du 29 septembre 1722.

« Ces ventes sont en outre sujettes *au contrôle des ex-* « *ploits* par chaque vacation. »

Ce droit devait être payé dans les trois jours de chacune d'elles, et l'auteur cite à l'appui de cette assertion de nombreuses décisions du conseil d'Etat depuis 1677 jusqu'à 1778.

Le contrôle aux actes entraînait un *droit proportionnel*: le contrôle aux exploits n'emportait qu'un *droit fixe* à tant la vacation comme aujourd'hui en matière d'inventaires.

Au mot VENTES DE MEUBLES *faites par les huissiers et sergents*, page 348, le même auteur nous enseigne au contraire que ces ventes « ne sont sujettes qu'au contrôle « des exploits lors même qu'elles sont purement volon- « taires ;—mais si la vente est faite *à terme de paiement* « et qu'en conséquence chaque article soit souscrit par « les adjudicataires avec *soumission de payer le prix,—* « ces obligations doivent être considérées comme des « actes sous signatures privées qu'il faut faire contrôler « aux actes avant de pouvoir agir en demande du paie- « ment des enchères. »

Et ce n'est pas encore là une simple opinion de l'auteur : c'est le résumé de la jurisprudence du conseil d'Etat dont il cite de nombreux monuments et notamment « un arrêt du 5 octobre 1728 au sujet *d'une vente de bois* « *de haute futaie* que le président de Fresquienne avait « fait faire en Normandie *par un sergent*, contenant « obligation de la part des adjudicataires de payer le « montant de leurs enchères *dans le terme convenu :* — « Cet arrêt ordonne que les règlements concernant le « contrôle des actes sous signatures privées seront exé- « cutés, en conséquence que les procès-verbaux de *ventes* « *de meubles* qui se font par les huissiers portant « obligation par les adjudicataires *pour le paiement des* « *choses adjugées*, ne pourront être assujettis au contrôle « des actes sous signatures privées que dans le cas où il « s'agira de *les présenter au juge à l'effet de les rendre* « *exécutoires* contre les adjudicataires *qui n'auront pas* « *satisfait au paiement de leurs enchères,* —et que les « droits n'en seront payés que sur le pied *des sommes* « *restant à recouvrer.*

« L'exécution de cet arrêt a été ordonnée par décision « du conseil du 23 mai 1733 au sujet d'une vente de « grains et bestiaux, *faite par un sergent à terme de* « *paiement.* »

L'auteur cite cinq décisions pareilles des 1er février 1737 et 22 août 1739 qui ont repoussé la distinction que l'on voulait faire à cet égard entre les ventes ordinaires et celles faites par autorité de justice en conséquence d'une saisie-exécution, et il termine en disant : « *Les* ventes de meubles volontaires ou forcées, faites

« par des huissiers ou sergents, ne peuvent donc être as-
« sujetties au contrôle des actes que dans le cas où elles
« sont *faites à termes de paiement,* — et qu'on veut en—
« suite *mettre à exécution* les obligations des adjudica-
« taires. »

Il est donc bien constant que non-seulement on re-
cevait au contrôle les procès-verbaux de *ventes à terme*
faites par les huissiers, mais que le conseil d'Etat sanc-
tionnait ces ventes et les faisait jouir d'une exemption qui
devait réduire à peu près à rien la concurrence des notaires : aussi le même auteur nous dit-il (p. 348) : « Rare-
« ment on se sert de notaires ou de greffiers pour les
« ventes volontaires surtout à cause du double droit de
« contrôle. »

Dans cette première période, sous ces lois primitives,
les ventes à terme n'étaient donc pas interdites aux huissiers et jurés-priseurs.

Et qu'on ne dise pas qu'en leur reconnaissant le droit
de procéder à ces ventes, le conseil d'Etat réduisait les
procès-verbaux de ces officiers à l'état de simples actes
sous signatures privées :—il faut entendre ces expressions
secundum subjectam materiam;—l'assimilation qu'elles
indiquent n'a pas trait à la force probante, mais seulement à l'enregistrement :·à la différence des actes des
notaires sujets au contrôle dans la quinzaine de leur date,
les actes sous seing n'étaient assujettis au contrôle qu'autant qu'on voulait en faire usage en justice ; c'est à ce
point de vue seulement que les procès-verbaux des huissiers sont assimilés aux actes sous seing, assimilation qui
du reste est loin d'être complète, puisque d'une part à la

différence des actes sous seing qu'on ne pouvait scinder et qui payaient le droit pour tout leur contenu, les procès-verbaux de ventes par les huissiers ne le payaient que sur ce qui restait dû par les adjudicataires qu'on voulait poursuivre : — d'autre part cette assimilation n'avait trait qu'*au droit proportionnel,* car ces procès-verbaux étaient assujettis au droit fixe et devaient être contrôlés aux exploits *dans les trois jours de chaque vacation* et les exploits étaient incontestablement authentiques : aussi est-il à remarquer qu'il suffisait de *présenter ces procès-verbaux* au juge qui les rendait exécutoires (arrêt du 5 octobre 1728), à la différence des actes sous seing en vertu desquels il fallait intenter une action proprement dite.

Nous ne voyons pas que dans les contestations soulevées de notre temps par les notaires, on leur ait opposé cette ancienne jurisprudence, et c'était cependant dans les règles de cette première époque qu'ils prétendaient trouver le privilége qu'ils s'attribuent et l'interdiction dont ils veulent frapper leurs concurrents.

Ils vantaient notamment un acte de notoriété du Châtelet de Paris, du 25 mai 1703, cité par Ferrières et un arrêt du parlement de Paris, du 25 novembre 1763, cité par Denisart, v° Huissiers, n° 38.

En ce qui concerne cet acte de notoriété, il faudrait d'abord s'assurer de son texte : car si dans Ferrières, qui le donne par forme d'extrait (*Dictionnaire de droit,* v° Huissiers), on lui fait dire : « .... A l'égard des ventes, « les huissiers-priseurs sont en possession de faire seuls « les ventes publiques lorsqu'ils en sont requis par les

« parties, de donner les assignations aux opposants, de
« recevoir les oppositions qui se font à la vente, et qu'il
« leur appartient de crier les meubles, et de les adjuger
« au plus offrant et dernier enchérisseur, *dont ils doi-*
« *vent se faire payer le prix comptant sur-le-champ....* »
Les mots soulignés ne se trouvent pas dans la copie entière qui est donnée de cet acte de notoriété par Benou
(*Code du Commissaire-Priseur*, tome 2, p. 14), d'après
l'ancienne copie du texte qui avait été imprimée en caractères gothiques; ils ne se trouvent pas davantage dans
l'ouvrage de M. Boucher d'Argis, sur la criée des meubles, imprimé en 1741,—où cet acte de notoriété est
aussi rapporté en entier et non en abrégé comme dans
Ferrières.

Qu'induire d'ailleurs de ces mots quand ils se trouveraient dans le texte?

Il s'agissait dans cet acte d'un huissier-priseur de l'élection de Bayeux qui se plaignait qu'un notaire d'Isigny
avait fait plusieurs inventaires sans l'y appeler lui, ou
autre huissier-priseur : il avait porté sa plainte au conseil d'Etat, régulateur des compétences, et il disait avoir
besoin dans cette instance de faire voir l'usage de la
ville de Paris en matière de prisée et vente de meubles :
à cet effet, il avait présenté requête au lieutenant civil
du Châtelet de Paris pour qu'il lui fût donné acte de notoriété « que l'usage du Châtelet de Paris en matière de
« prisées et estimations de meubles *des successions ap-*
« *partenantes tant aux mineurs qu'autres héritiers des*
« *personnes décédées,*—est que tous les inventaires des
« dits meubles sont faits par lesdits notaires dudit Châ-

« telet, et la prisée d'iceux faite par un huissier-priseur
« à l'exclusion de tous autres huissiers et même de tous
« tapissiers et autres personnes qui s'ingéraient de faire
« lesdites prisées ;

« Que c'est l'huissier-priseur qui prise et estime les-
« dits meubles article par article, sur la minute de
« l'inventaire laquelle même il signe ;

« Et que c'est lui qui reçoit les enchères et fait seul les
« publications et adjudications desdits meubles lors de
« la vente d'iceux. »

Dans ces détails minutieux, il ne disait pas un mot de
la réception des deniers, ce qui doit faire présumer que
le lieutenant civil n'aura pas été *ultrà petita* dans sa réponse : toujours est-il qu'il ne s'agissait dans cette affaire
que *des meubles de succession* pour la vente desquels il
est ordinaire de prendre plus de précautions ;—qu'il ne
s'agissait que de l'usage de Paris, ville d'exception dans
tous les temps, et qui doit l'être surtout en matière de
vente aux enchères : la vente au comptant n'y a aucun
inconvénient, parce que le concours des enchérisseurs y
étant toujours nombreux, les choses peuvent se vendre
à leur vrai prix.—Dans les départements, au contraire,
ces ventes ne procureraient pas la moitié de la valeur:
ici les ventes à crédit sont de nécessité ; à Paris elles seraient funestes, parce que l'on n'y connaît ni la mora-
lité ni la solvabilité des enchérisseurs, et que l'on n'y
recouvrerait pas la moitié des articles adjugés.

Cet usage ne valait donc pas loi en province, il ne
pouvait même pas passer pour l'interprétation de la législation non spéciale à Paris ; quelle autorité peut-il

avoir en effet, en présence de l'arrêt de règlement émané du conseil d'Etat le 5 octobre 1728, et de la jurisprudence postérieure que nous avons rapportés ci-dessus?

Quant à l'arrêt du Parlement de Paris de 1763, cité par Denizart, un huissier qui s'était avisé de faire crédit, *de son chef*, à la veuve de celui dont il vendait les meubles, fut condamné à répondre de la somme envers les créanciers de la succession et à la leur avancer, sauf son recours contre celle à laquelle il lui avait plu de faire crédit : cette décision était juste ; l'huissier ne doit pas faire crédit quand il n'y est point autorisé et qu'il a été requis de vendre au comptant :—Mais cela ne veut pas dire qu'il lui soit interdit de vendre à terme quand ses requérants en ont fait eux-mêmes une condition. a vente.

Ceux qui citent Denizart à cette occasion auraient dû se reporter aux nᵒˢ 61 et suivants du même article, et ils y auraient lu notamment, nᵒ 61 : « Les ventes de « meubles *forcées* et même celles qui se font *après décès* « *sur des inventaires*, se font ordinairement par le mi-« nistère d'huissiers.

« Nᵒ 63. Il paraît néanmoins que dans les pays où les « notaires sont en possession de faire les *ventes et adju-* « *dications* VOLONTAIRES de meubles au plus offrant, la « jurisprudence des arrêts est de les y maintenir, « *pourvu qu'il n'y ait point d'huissiers-priseurs auxquels* « *ces fonctions sont attribuées exclusivement.* » Sur quoi l'auteur cite aux nᵒˢ 64 et 65, deux arrêts des 4 février et 4 juin 1756.

2

Ils auraient pu se reporter aussi à l'article *Vente de meubles* du même auteur, et ils y auraient encore vu à la suite du n° 8 :

« *Nota.* Les ventes de meubles au plus offrant se font « presque partout par le ministère des huissiers ; *mais* « *par exception à la règle générale, il y a quelques en-* « *droits* où les notaires ont été maintenus dans la pos- « session de faire les ventes volontaires. »

Ce n'est donc pas nous qui prouvons, ce sont les autorités contemporaines qui établissent combien était petite la part des notaires dans cette première période. — Les jurés-priseurs, les huissiers comme eux ou à leur défaut étaient chargés des ventes publiques de meubles, sans distinction entre les ventes à terme et les ventes au comptant, et même les ventes à terme faites par eux jouissaient d'exemptions notables toujours refusées aux notaires, et qui, en fait, devaient réduire la concurrence de ceux-ci à un état à peu près nominal.

La législation postérieure a-t-elle changé cet état de choses ?

§ II. — Législation et jurisprudence pendant la période de 1771 à 1790.

...Février 1771, édit qui supprime les offices de priseurs-vendeurs créés jusque-là, et en crée de nouveaux sous le titre de *jurés-priseurs-vendeurs de biens meubles*, pour être établis dans toutes les villes et bourgs du royaume où il y avait justice royale à l'exception de Paris.

Voici ses principales dispositions :

« Art. 5. Lesdits jurés-priseurs-vendeurs de meubles
« *feront seuls et à l'exclusion de tous autres*, dans toute
« l'étendue du ressort du bailliage et autres justices du
« lieu de leur établissement, la *prisée, exposition* et
« *vente de tous biens meubles*, soit qu'elles soient faites
« *volontairement après les inventaires* ou *par autorité de*
« *justice*, en quelque sorte et manière que ce puisse
« être et sans *aucune exception : —* Recevront les deniers
« desdites ventes *quand même les parties y appelleraient*
« *d'autres huissiers*, et jouiront de la faculté d'exploiter
« dans le cas d'exécution et vente de meubles, *concur-*
« *remment avec les autres huissiers* dans l'étendue de
« leur ressort.

Art. 6 : « Avons attribué auxdits jurés-priseurs-ven-
« deurs..... *deux sols six deniers pour chacun rôle de*
« GROSSE *de leurs* procès-verbaux.... »

Art. 9. « Faisons très expresses inhibitions et défenses
« à tous *notaires*, greffiers, huissiers et sergents royaux
« de s'immiscer à l'avenir de faire lesdites *prisées, expo-*
« *sitions* et *ventes* de biens meubles, en quelque manière
« que ce soit, à peine de mille livres d'amende ;

« Et aux contrôleurs des exploits de contrôler aucuns
« procès-verbaux de prisées et ventes desdits biens meu-
« bles qui seraient faits par autres que lesdits jurés
« priseurs, à peine de pareille somme. »

Il n'y a rien là qui fasse, ni même permette une distinction entre les ventes à crédit et celles au comptant.

La disposition relative aux deniers de la vente nous
donne occasion de remarquer de nouveau que la mis-

sion du juré-priseur s'étend jusqu'à la réception du
denier, et qu'on ne peut lui enlever cette partie de l'opération pour la confier à un autre et le réduire à faire
seulement la vente comme le permettait l'édit de février
1556 : ce n'est pas dire qu'il ne pourra faire la vente que
quand elle aura lieu au comptant; nous verrons bientôt
au contraire quelle induction, contre les prétentions des
notaires, se tire de cette disposition.

L'attribution aux jurés-priseurs de *faire seuls* et à *l'exclusion de tous autres, les prisées et ventes de tous biens*
meubles, en quelque *sorte et manière que ce soit*, et *sans
aucune exception*, ne peut comporter aucune exception
pour les ventes à crédit : l'exception serait plus étendue
que la règle et ferait violence à chacune des expressions
du texte.

La défense *à tous notaires et autres de s'immiscer à
faire* LESDITES *prisées et ventes en quelque manière que ce
soit,* ne peut vouloir dire que les notaires seront relevés
de cette défense pour les ventes à crédit.

Il en est de même de la défense faite aux contrôleurs
des exploits de contrôler *aucuns procès-verbaux de ventes de meubles* qui seraient faits *par autres que par les
jurés-priseurs.*

7 juillet 1771, lettres patentes qui ordonnent le sursis
à la levée et vente des offices créés par cet édit de février
jusqu'à ce qu'il en fût autrement ordonné. Elles ne sup-
priment pas pour cela les fonctions y attachées : — elles
les confient provisoirement, non plus seulement aux
huissiers ordinaires comme antérieurement, mais cette
fois aux notaires, greffiers et huissiers.

« Voulons en conséquence, que les notaires, greffiers,
« huissiers ou sergents royaux puissent faire valablement,
« lorsqu'ils en seront requis, les prisées et ventes de
« biens meubles, en se conformant aux *édits, déclara-*
« *tions, arrêts* et *règlements* rendus à ce sujet ;—déro-
« geant, *quant à ce seulement,* aux dispositions de l'art. 9
« de notre édit du mois de février dernier,—et qu'ils
« jouissent des vacations réglées par l'art. 6 dudit édit,
« — ensemble *des droits d'expédition* ou *de grosses de*
« *leurs procès-verbaux* sur le pied qu'ils sont fixés....
« ..... Faisons très expresses inhibitions et défenses à
« toutes personnes autres que les notaires, greffiers,
« huissiers ou sergents royaux de s'immiscer à faire les
« prisées et ventes de biens meubles sous les peines por-
« tées par l'art. 9 de notre édit..... »

L'attribution provisoire faite aux notaires, greffiers et
huissiers n'est, pour les uns comme pour les autres,
qu'une espèce de dépôt des fonctions des jurés-priseurs,
et à charge pour les uns comme pour les autres, de se
conformer aux édits et règlements rendus à ce sujet, —
de se contenter des *vacations réglées par l'édit de* 1771,
ensemble des droits *d'expédition* ou *de grosse de leurs*
procès-verbaux sur le pied qu'ils sont fixés.

Les défenses faites à toutes personnes, autres que ces
dépositaires, de faire les prisées et ventes de biens meubles sous les peines portées par l'art. 9 de l'édit de 1771,
ne s'observant point toujours, le conseil d'Etat rendit
divers arrêts de règlement à ce sujet.

21 août 1775, arrêt de règlement pris en exécution de
l'édit et des lettres patentes de 1771, qui ordonne « qu'il

« ne pourra être procédé à aucune exposition et vente
« à l'encan, *soit* qu'elles soient faites *volontairement, soit*
« *après* les *inventaires, soü devant les juges* ou *par auto-*
« *rité de justice*, en quelque sorte et manière que ce puisse
« être, et sans aucune exception,—par d'autres que par
« les notaires, greffiers, huissiers ou sergents.

  « Fait très expresses inhibitions et défenses à toutes
« personnes, *même aux propriétaires* des meubles et effets
« mobiliers, de s'immiscer *à faire lesdites* expositions et
« ventes à l'encan, *sous quelque prétexte* et *pour quelque*
« *cause que ce puisse étre,* à peine de confiscation des
« meubles et effets mobiliers qui seront encore existants,
« et de pareille amende contre les contrevenants. »

  Cet arrêt prouve bien que les ventes volontaires dont
il est question dans la législation de 1771 comprennent
cette fois les ventes purement volontaires et non plus
seulement les ventes *volontaires après inventaires;* « *soit*
« *qu'elles soient faites volontairement, soit après les in-*
« *ventaires.* »

  Les défenses si expresses qu'il fait à toutes personnes,
même aux propriétaires, de faire LESDITES VENTES *à l'en-*
can, sous quelque prétexte et pour quelque cause que ce
soit, sont le corrélatif et la sanction de l'attribution con-
tenue dans la première partie de l'arrêt; or, qui pourrait soutenir que le crédit accordé dans une vente serait
une cause, un prétexte suffisant pour autoriser le propriétaire à procéder lui-même à cette vente par la voie
des enchères, et le soustraire à l'amende? Si le crédit
accordé n'empêche point la vente d'être comprise dans
la prohibition faite aux particuliers, comment l'empê-

cherait-il d'être comprise dans l'attribution concurrente faite aux officiers en faveur desquels cette prohibition est faite ?

La même observation s'applique à l'arrêt suivant.

13 novembre 1778, autre arrêt de règlement qui « fait « défenses à toutes personnes sans caractère, même aux « propriétaires, héritiers, ou autres, de *faire personnel-* « *lement* l'exposition, vente ou adjudication à l'encan « d'aucuns biens meubles à eux appartenant ou à d'au- « tres, à peine de confiscation desdits meubles et de « mille livres d'amende.

« Leur enjoint d'y faire procéder par tels notaire, gref- « fier, huissier, ou sergent royal *que bon leur semblera.*

« Lesquels seront tenus sous les mêmes peines de dres- « ser *des procès-verbaux en forme* et sur papier timbré « desdites ventes.

« Et de comprendre dans lesdits procès-verbaux tous « les articles exposés en vente, *tant ceux par eux adjugés,* « *soit en totalité, soit sur simple échantillon*, que ceux « retirés ou livrés par les propriétaires ou héritiers, pour « le prix de l'enchère ou de la prisée. »

C'est bien toujours pour les ventes interdites aux par- ticuliers qu'il leur est enjoint de recourir aux offi- ciers ministériels désignés, mais à celui de ces officiers *que bon leur semblera* et pour toutes ces ventes indistinc- tement ; donc aussi bien pour les ventes à crédit que pour les autres.

Les procès-verbaux en forme que ces officiers doivent dresser des ventes par eux faites ne sont pas de simples actes privés : —il suffirait pour le prouver de l'art. 1317

du Code civil qui ne fait que consacrer un principe d'é-
ternelle vérité en disant : « L'acte authentique est celui
« qui a été reçu par des officiers publics ayant le droit
« d'instrumenter dans le lieu où l'acte a été rédigé et
« avec les solennités requises. »

Ayant le droit d'instrumenter la vente, l'huissier et le
greffier ont le droit d'en rédiger acte authentique comme
le notaire lui-même ; — c'est d'ailleurs ce que portait,
en toutes lettres, l'édit de 1556, non modifié en cette
partie, — et les ventes à eux attribuées n'étaient pas des
opérations où tout se réduisait à un pur fait sans suites
ultérieures : — La vente sur *simple échantillon* dont parle
cet arrêt, entraînait bien livraison après coup et même
paiement simultané à la livraison, car il n'est pas d'u-
sage de payer avant d'être livré. En quoi donc le simple
terme de paiement pourrait-il changer la compétence ?

Bien loin que les notaires eussent, sous cette législation, un privilége quelconque, sur leurs concurrents,
leurs procès-verbaux continuaient, au contraire, à être
grévés de deux droits de contrôle dans tous les cas,
tandis que ceux des huissiers continuaient à jouir des
tempéraments dont nous les avons vus en possession.

A la vérité, la jurisprudence de cette époque n'a pas
eu à sentencier à cet égard quant aux huissiers, parce
que leurs prérogatives étaient réglées et hors de contredit : — Témoins les efforts multipliés des notaires pour
se faire adjuger la même faveur. (Bousquet, *Dictionnaire
des Domaines*, v° Vente de meubles par des greffiers ou
par des notaires, t. 4, p. 351.)

25 décembre 1771. Décision du conseil rendue sur le

mémoire des notaires de Calais et portant que « les ventes
« de meubles, faites par les notaires et greffiers, ayant
« toujours été assujetties au contrôle des exploits en
« même temps qu'au contrôle des actes, il n'est pas pos-
« sible de dispenser les notaires de Calais *de cette double*
« *formalité.* »

11 août 1772. Autre décision « sur le mémoire du
« sieur Lefèvre, notaire à Ménard-la-Ville, en la généra-
« lité d'Orléans, qui se plaignait de ce qu'ayant fait une
« vente de meubles *en vertu de la permission accordée*
« *aux notaires par les lettres patentes du 7 juillet* 1771,
« DE FAIRE LES FONCTIONS D'HUISSIERS-PRISEURS, il avait
« été perçu un droit de contrôle aux actes sur le mon-
« tant de la vente, outre celui aux exploits, et il deman-
« dait la restitution de ce dernier droit. — La décision
« le déboute de sa demande. »

30 octobre 1776. Décision du conseil, rendue sur
l'art. 12 du *Mémoire des états de Bretagne*, présenté
en 1774; elle porte : « Il a été reconnu et jugé déjà plu-
« sieurs fois que les greffiers qui remplissent les fonctions
« de jurés-crieurs en faisant le *cri*, l'*exposition* et la *vente*
« des meubles, ne pouvaient se dispenser de faire con-
« trôler leurs procès-verbaux au contrôle des exploits,
« et les principes et les règles invariablement suivis sur
« cette partie s'opposent à toute innovation à cet égard. »

14 septembre 1778, autre décision : « Il avait été
« rapporté procès-verbal contre le sieur Duhamel, no-
« taire à Argence, pour n'avoir présenté au contrôle
« que le 24 février 1774, un acte de vente de meubles
« du 11 du même mois, parce que cet acte, *qui était su-*

« *jet au contrôle d'exploit* aurait dû être revêtu de cette
« formalité dans les *trois jours de sa date*. Ordonnance
« de M. l'intendant de Caen, du 21 août 1777, qui con-
« damne le sieur Duhamel à la *restitution des droits*, à
« l'amende de 100 livres et aux dépens. En même temps
« que ce notaire s'était pourvu à l'intendance, il avait
« adressé au conseil un mémoire où il observait que ,
« comme notaire, ne connaissant que le *délai de quin-*
« *zaine*, il ne se croyait pas obligé à faire contrôler cette
« vente dans un délai plus bref, d'autant, ajoutait-il ,
« que le roi par son édit de 1771, concernant les offices
« de jurés-priseurs-vendeurs de biens meubles, n'a pas
« fixé le délai dans lequel ces sortes d'actes doivent être
« contrôlés.

« Décidé que l'ordonnance sera exécutée et que cepen-
« dant l'amende prononcée contre le sieur Duhamel
« demeurera réduite par grâce, et sans tirer à consé-
« quence, à 10 livres seulement, à la charge par lui de
« se conformer exactement aux règlements à l'avenir. »

Cette différence entre les droits à payer par les notaires
et ceux à payer par les huissiers donnait lieu à Bousquet
de se poser cette question, t. 4, p. 348 : « Si depuis l'é-
« dit de 1771...... les héritiers ou propriétaires de meu-
« bles s'immiscent à faire par eux-mêmes les ventes des-
« dits meubles....., il en résulte la perte des droits de
« contrôle auxquels il y aurait eu lieu s'ils eussent em-
« ployé le ministère d'un officier public : les contreve-
« nants doivent donc, en ce cas, une restitution pour le
« droit de contrôle. Mais comment le percevoir ? Le fixe-
« ra-t-on *sur le pied de la vente* (droit proportionnel),

« ou se bornera-t-on à ne l'exiger que comme exploit
« (droit fixe) ?

« Rarement on se sert de notaires ou greffiers à cause
« du double droit de contrôle,—et une vente à laquelle
« ont pu procéder par eux-mêmes les propriétaires de
« meubles *ne peut être que volontaire ;* — il faut donc,
« penchant la balance en faveur des redevables, croire
« que ces propriétaires n'auraient pris qu'un huissier,
« s'ils s'étaient mis en règle, ou considérer d'un autre
« côté qu'ils ont anticipé sur les fonctions de juré-pri-
« seur, qui lui-même n'aurait fait *contrôler son acte*
« *qu'aux exploits.*—Ainsi j'estime qu'il n'y a lieu qu'aux
« droits de contrôle aux exploits. »

En droit, les notaires n'étaient donc bien que dépositaires des fonctions des jurés-priseurs et dépositaires par
concurrence avec les huissiers et les greffiers ; — en fait,
cette concurrence devait être tout à l'avantage des huissiers. Bousquet n'en aurait pas rendu un témoignage ex-
près, qu'on l'aurait facilement induit de l'exemption ou
de la modération de droits dont jouissaient les procès-
verbaux des huissiers. L'instinct du public ne se trompe
pas sur des intérêts pécuniaires aussi évidents.

20 novembre 1780, un arrêt du conseil fit enfin cesser le sursis prononcé par les lettres patentes du 7 juillet
1771 à la levée des offices créés par l'édit de février
même année, retira aux notaires, huissiers et greffiers
le dépôt qui leur avait été confié, et le rendit entier aux
jurés-priseurs.

Les notaires furent frappés par cette mesure comme
leurs concurrents.

Tel était l'état des choses quand survint la révolution de 1789.

§ III. — Législation et jurisprudence depuis 1789.

21-26 juillet 1790. Décret.

« Art. 1er. Les offices de jurés-priseurs créés par édit « de février 1771 ou autres, demeureront supprimés à « compter de ce jour.

« Art. 6. Les notaires, greffiers, huissiers et sergents « sont autorisés à faire les ventes de meubles, dans tous « les lieux où elles étaient ci-devant faites par les jurés- « priseurs.

« Art. 7. Les procès-verbaux de vente et de prisées « faites par les officiers ci-dessus désignés, *ne seront* « *soumis qu'aux mêmes droits de contrôle que ceux des* « *jurés-priseurs.* »

C'est ce décret qui, le premier, fait cesser la différence pesant sur les notaires pour le droit d'enregistrement : il ne fait du reste que *subroger* les notaires comme les greffiers et huissiers, aux droits des jurés-priseurs, et il ne s'occupe que *des ventes* et *des lieux* où elles étaient ci-devant faites par ces derniers.

17 septembre 1793, autre décret qui s'occupe *des prisées* comme *des ventes* de meubles et sans distinction *de lieux.*

« Art. 1er. Les notaires, greffiers et huissiers sont au- « torisés à faire les *prisées et ventes* de meubles *dans* « *toute l'étendue de la république.* »

Par l'art. 3, il accorde à tous ces officiers indistinctement « les deux tiers du prix de vacation pour l'*expédition du procès-verbal* de chaque séance. »

12 fructidor an 4, arrêté du Directoire exécutif qui considère notamment que par les lois qui viennent d'être citées « les notaires, les greffiers et les huissiers ont été « *subrogés* aux droits des ci-devant huissiers-priseurs, et « qu'il est instant d'assurer au trésor public le recouvre- « ment de tous les droits de timbre et d'enregistrement « auxquels sont assujettis les prisées, inventaires et ventes « publiques de meubles et effets mobiliers, et qu'élu- « dent presque tous les citoyens qui, sans aucun carac- « tère légal, se permettent de procéder à ces actes ; et qui « dispose :

Que « conformément aux lois des 21-26 juillet 1790 « et 17 septembre 1793 et aux règlements antérieurs main- « tenus provisoirement par le décret de la Convention « nationale du 21 *septembre* 1792, il est défendu à tous « autres que les notaires, greffiers et huissiers, de s'immis- « cer dans les prisées et ventes publiques de meubles et ef- « fets mobiliers, soit qu'elles soient faites volontairement « après inventaire ou par autorité de justice, en quelque « sorte et manière que ce puisse être et sans aucune « exception. »

27 nivôse an 5, autre arrêté du Directoire qui consi- dère notamment « que les lois des 21-26 juillet et 17 « septembre 1793 ayant *subrogé* les notaires, huissiers et « greffiers aux ci-devant huissiers-priseurs *dans toutes* « *les attributions relatives aux prisées et ventes de meu-* « *bles qu'elles n'ont pas formellement exceptées*, il en « résulte que les *dispositions pénales* qui ont été portées

« précédemment contre les contrevenants à ce droit
« exclusif des huissiers-priseurs de faire les prisées et
« ventes de meubles doivent être republiées pour être
« appliquées aux contrevenants *au même droit transmis*
« aux notaires, greffiers et huissiers.

Cet arrêté vise et reproduit au long 1° les art. 5 et 9
de l'édit de février 1771 ; 2° les lettres patentes du
7 juillet 1771 ; 3° l'arrêt du conseil d'Etat du 21 août
1775 ; 4° celui du 13 novembre 1778 ; —et il finit par
ordonner la réimpression et publication de ces dispositions pour être exécutées selon leur forme et teneur,
jusqu'à ce qu'il en ait été autrement ordonné.

Il y a donc eu simple *subrogation*, et *subrogation concurrente ;* les lois et règlements relatifs aux jurés-priseurs
continuent d'être applicables aux *subrogés* pour ce qui
concerne l'exercice des fonctions à eux ainsi *transmises*.

22 pluviôse an 7, loi qui prescrit des formalités pour
les ventes d'objets mobiliers et qui porte notamment :

« Art. 1er. A compter du jour de la publication de la
« présente, les meubles, effets, marchandises, bois,
« fruits, récoltes, et tous autres objets mobiliers, ne
« pourront être vendus publiquement et par enchères
« qu'en présence et par le ministère d'officiers publics
« ayant qualité pour y procéder.

« Art. 2. Aucun officier public ne pourra procéder
« à une vente publique et par enchères d'objets mobi-
« liers, qu'il n'en ait préalablement fait la déclaration
« au bureau de l'enregistrement dans l'arrondissement
« duquel la vente aura lieu.

« Art. 5. Les officiers publics transcriront en tête de

« leurs procès-verbaux de vente les copies de leurs dé-
« clarations.

« Chaque objet adjugé sera porté de suite au procès-
« verbal ; le prix y sera écrit en toutes lettres et tiré hors
« ligne en chiffres. »

« Chaque séance sera close et signée par l'officier pu-
« blic et deux témoins domiciliés. »

Rien n'indique dans cette loi qu'il faille que la signature des adjudicataires ou celle du requérant figurent
ni dans le corps, ni à la clôture du procès-verbal de
vente : il suffit de celle de l'officier instrumentaire et de
deux témoins lors de la clôture de chaque séance.

Il est bien des cas, en effet, où la signature des adjudicataires à chaque article serait difficile à obtenir ; elle
entraînerait des longueurs interminables pour des articles souvent minimes et multipliés ; le public se retire-
rait dégoûté par ces longueurs ; ces inconvénients se fe-
raient sentir surtout dans les villes où le concours est
plus nombreux et plus mobile. — Aussi paraît-il que les
commissaires-priseurs rétablis par les lois de l'an 9 et de
1816, avec privilége exclusif dans le lieu de leur rési-
dence et simple concurrence dans le surplus de leur
ressort, ne font presque jamais signer les adjudicataires.

La loi est si peu exigeante sur les formalités de ces
ventes que, le 21 octobre 1809, le conseil d'Etat, par
un avis inséré au *Bulletin des lois,* a déclaré authentiques
les quittances et décharges données aux notaires, greffiers, commissaires-priseurs et huissiers instrumentaires,
du moment où ces quittances sont portées à la suite du

procès-verbal, « que l'officier public y a attesté que la
« partie est comparue devant lui pour régler le reliquat
« de la vente, dont elle lui donne décharge, et que cet
« acte sera signé tant par l'officier que la partie, et si la
« partie ne sait pas signer, par un second officier de la
« même qualité ou par deux témoins »

Si l'on n'exige pas davantage pour une quittance qui
n'a rien d'urgent et que l'officier se fait donner à lui-
même dans le secret de son étude, comment se serait-on
montré rigoriste et minutieux pour des opérations passées
à la face d'un public assemblé, dans lesquelles l'instrumentaire n'a pas d'intérêt direct et sensible, et où tout
doit d'ordinaire se passer avec célérité sous peine de
perte.

Cependant les huissiers et les greffiers prennent la
précaution de faire signer par les adjudicataires les articles à crédit. Leurs procès-verbaux sont en cela, comme
en tout le reste, conformes à ceux des notaires.

On remarquera au surplus que ces lois nouvelles n'ont
pas plus fait de distinction que les anciennes entre les
ventes à crédit et les ventes au comptant, et n'ont créé
aucun privilége à cet égard pour les notaires.

Vainement ceux-ci ont essayé d'argumenter des art.
624 et 625 du Code de procédure, portant :

« Art. 624. L'adjudication sera faite au plus offrant,
« en payant comptant ; faute de paiement, l'effet sera
« revendu sur-le-champ, à la folle enchère de l'adjudi-
« cataire.

« Art. 625. Les commissaires-priseurs et huissiers
« seront personnellement responsables du prix des adju-

« dications, et feront mention dans leurs procès-verbaux
« des noms et domiciles des adjudicataires, ils ne pour-
« ront recevoir d'eux aucune somme au-dessus de l'en-
« chère, à peine de concussion. »

Ces articles excluent les notaires bien loin de les favo-
riser. Ils ne s'appliquent qu'aux ventes forcées et par
suite de saisie-exécution, auxquelles les notaires ne peuvent procéder.

La condition de paiement au comptant et la responsabilité, en cas de négligence de la part de l'officier instrumentaire à cet égard, ne tiennent en rien à la qualité de cet officier, mais au caractère particulier de la
vente même. — Qui pourrait accorder des délais, en
effet, en pareille circonstance? — Le saisissant? — Mais
il n'est pas propriétaire, et en aliénant la chose, il doit
la remplacer à l'instant par le prix. — Il ne peut, de
son chef, lui substituer une créance à terme, contre le
gré du saisi, qui peut craindre des insolvabilités, vouloir
faire cesser des intérêts ruineux, ou acquitter à l'instant
des créances dangereuses pour ses intérêts, comme celles
emportant contrainte par corps, ou qui pourraient en-
traîner soit des frais aggravants contre des cautions, soit
des expropriations, etc. — S'il y a des opposants, ils ont
le droit d'être payés sans retard, et le saisissant ne peut
leur imposer des délais. — A son tour, le saisissant est
fondé à exiger son paiement actuel; et nul, ni le saisi, ni
les opposants, ne peuvent accorder des délais contre son
gré.

L'absence des délais tient donc ici à la position des
parties. Mais si elles voulaient toutes s'entendre pour

3

accorder ces délais, afin de faire monter le produit de la vente à toute sa valeur, rien n'empêcherait que la vente ne se fît à crédit. — C'est même ce que l'on voit souvent, quand c'est un propriétaire qui a fait saisir les meubles et récoltes de son fermier, et, en bien des circonstances, les tribunaux ont sanctionné ces conditions en déclarant même que le saisissant ne serait pas responsable des insolvabilités accidentelles. Cette non-responsabilité s'appliquerait pareillement à l'instrumentaire, sauf les cas où il y aurait faute personnelle de sa part, comme s'il adjugeait à gens notoirement insolvables. (Thomine, t. 2, p. 141 ; Bioche et Goujet, v° Saisie-exécution, n° 309.)

14 juin 1813, décret sur l'organisation des huissiers.

« Art. 37. Dans les lieux pour lesquels il n'est point « établi de commissaires-priseurs exclusivement chargés « de faire les prisées et ventes publiques de meubles et « effets mobiliers, les huissiers, tant audienciers qu'or- « dinaires, continueront de procéder concurremment « avec les notaires et les greffiers, auxdites prisées et « ventes publiques, en se conformant aux lois et règle- « ments qui y sont relatifs. »

Voilà donc toujours la concurrence la plus illimitée consacrée au profit des huissiers.

Nous avons déjà rappelé un décret du 27 ventôse an 9, qui créait quatre-vingts commissaires-priseurs-vendeurs de meubles à Paris, et la loi du 28 avril 1816, art. 89, qui permit au gouvernement d'en établir dans tous les autres lieux du royaume.

Les ventes en cas de faillite, et celles des marchandises neuves ont été l'objet de dispositions particulière qui consacrent de nouveau le droit des huissiers et greffiers de faire les ventes à crédit.

L'ancien article 492 du Code de commerce permettait aux syndics de faire procéder à la vente des effets et marchandises du failli « soit par la voie des enchères « publiques, *par l'entremise des courtiers et à la bourse,* « soit à l'amiable, à leur choix. »

Un décret du 22 novembre 1811 voulut que les ventes publiques de marchandises à la bourse et aux enchères, que l'article 492 du Code de commerce autorisait les courtiers de commerce à faire en *cas de faillite,* pussent être faites par eux, *dans tous les cas,* même à Paris, avec l'autorisation du tribunal de commerce.

Le mode d'exécution de ce décret fut déterminé par un autre décret du 17 avril 1812, dans l'article 4 duquel on lit :

« Avant de procéder aux ventes mentionnées ci-dessus « il sera dressé et imprimé (et affiché) un catologue des « denrées et marchandises à vendre....

« Ce catalogue contiendra sommairement les marques, numéros, nature, qualité et quantité de chaque « lot de marchandises, les magasins où elles sont dépo- « sées, les jours et les heures où elles pourront être exa- « minées, et les jours où la vente publique et aux enchères « *en sera faite à la bourse.* » (Une ordonnance royale du 9 avril 1819 permit de faire ces ventes par le ministère des courtiers, *au domicile des vendeurs,* ou *en tout autre lieu convenable,* dans toutes les villes où il n'y aurait pas de local affecté à la bourse.)

3.

« Seront également mentionnées, continue l'art. 4 « du décret de 1812, *les époques des livraisons, les con-* « *ditions de paiement*, et toutes les autres conditions qui «`seront la base et la règle du contrat* entre les vendeurs « et les acheteurs. »

On lit encore dans l'art. 5 : « Au moment de la vente « et avant qu'il y soit procédé, un *échantillon* de chaque « lot sera déposé sur le bureau et placé de manière que « les acheteurs puissent l'examiner et le comparer avec « l'indication portée sur l'imprimé. »

Voilà donc encore de nouveaux officiers qui ont incontestablement le droit de procéder à des ventes *sur simple échantillon*, à des ventes emportant *des conditions* comme *bases et règles d'un contrat*, et des ventes dont *le paiement* comme *la livraison* sont remis à des *époques ultérieures*.

Ce droit appartient également aux greffiers et huissiers aussi bien qu'aux notaires.

C'est ce qui résulte d'abord du nouvel article 486 du Code de commerce *en cas de faillite*.

« Le juge-commissaire pourra, le failli entendu ou dû- « ment appelé, autoriser les syndics à procéder à la vente « des effets mobiliers *ou marchandises*. — Il décidera « si la vente se fera soit à l'amiable, soit aux enchères « publiques, par *l'entremise des courtiers ou de tous au-* « *tres officiers publics préposés à cet effet*. — Les syndics « choisiront, dans la classe d'officiers publics déterminée « par le juge-commissaire, celui dont ils voudront em- « ployer le ministère. »

La loi du 25 juin 1841, sur les ventes aux enchères

de marchandises neuves, a consacré cette concurrence *en dehors des cas de faillite*.

Après avoir interdit les ventes *en détail* des marchandises neuves, à cri public, soit aux enchères, soit au rabais, soit à prix fixe, — elle déclare, art. **2**, que cette interdiction ne comprend point :

« Les ventes prescrites par la loi ou faites par autorité « de justice ;

« Non plus que les ventes après décès, faillite ou ces-« sation de commerce ;

« Ou dans tous les autres cas de nécessité dont l'ap-« préciation sera soumise au tribunal de commerce. »

Suivent diverses dispositions sur les officiers publics auxquels ces ventes en détail sont attribuées, et partout les huissiers et greffiers ont la concurrence avec les notaires, et quelquefois même la préférence comme pour les ventes forcées.

Puis vient l'art. 6, portant : « Les ventes publiques « aux enchères de marchandises *en gros* continueront à « être faites par le ministère des courtiers, *dans les* « *cas, aux conditions et selon les formes* indiquées par « les décrets des **22** novembre **1811**, **17** avril **1812**, la « loi du **15** mai **1818**, et les ordonnances des 1er juillet « **1818** et **9** avril **1819**. »

Les articles 7 et 8 s'occupent des cas de contraventions.

L'art. 9 porte : « Dans tous les cas ci-dessus où les ventes « publiques seront *faites* par le *ministère des courtiers*, « ils se conformeront aux lois qui les régissent, tant pour « les formes de la vente, que pour les droits de cour-« tage. »

L'art. 10 ajoute : « Dans les lieux où il n'y aura point
« de courtiers de commerce, *les commissaires-priseurs,*
« *les notaires, huissiers et greffiers de justice de paix, fe-*
« *ront les ventes ci dessus,* selon les droits *qui leur sont*
« *respectivement attribués par les lois et règlements.*

« Ils seront, pour lesdites ventes, soumis aux *formes,*
« *conditions et tarifs* imposés aux courtiers. »

Voilà donc les huissiers et greffiers expressément appelés, le cas échéant, à faire les ventes dont s'occupe le
décret du 17 avril 1812 ; — et à les faire non-seulement
sur *simple échantillon,* mais dans le cas aussi où elles
contiennent des conditions formant *la base et la règle
du contrat entre le vendeur et l'acheteur,* et dans le cas
encore où il y a *terme,* soit pour la *livraison,* soit pour
le *paiement.*

Comment voudrait-on qu'ils eussent ces droits en matière de marchandises neuves dont les lots ne peuvent
généralement être de moins de mille francs, et qu'ils
leur fussent refusés pour les plus minces objets mobiliers ?

La législation nouvelle n'a donc rien qui ne repousse,
aussi bien que l'ancienne, le privilége que veulent s'ar-
roger les notaires.

La jurisprudence moderne ne leur est pas moins dé-
favorable.

La question ne s'est présentée qu'une fois *in terminis* ;
elle a été résolue en faveur de la pleine concurrence,
d'abord par la Cour royale de Nancy, le 20 décembre
1833, et ensuite par la Cour de cassation, le 8 mars 1837
(Sirey, 37. 1. 181).

Ces deux arrêts sont conçus en termes tels que nous devons les rapporter ici pour ne pas les affaiblir en les analysant et pour en épargner la recherche au lecteur.

20 décembre 1833, arrêt de Nancy.

« Considérant que les commissaires-priseurs établis
« dans les départements en vertu de l'art. 89 de la loi du
« 28 avril 1816, ont reçu de cette loi le droit exclusif de
« procéder dans le chef-lieu de leur établissement, à la
« prisée des meubles et ventes publiques aux enchères
« d'effets mobiliers, et que leurs attributions ont été
« déclarées être les mêmes que celles des commissaires-
« priseurs établis à Paris par la loi du 27 ventôse an 9 ;
« que l'art. 1er de cette loi accorde en effet le même droit
« exclusif aux commissaires-priseurs, vendeurs de meu-
« bles, qu'elle a établis à Paris ; que l'art. 2 de la même
« loi défend à tout particulier, à tous officiers publics
« de s'immiscer dans ces opérations à peine d'amende ;

« Considérant que cette défense faite à tous officiers
« publics, relativement à des ventes mobilières, s'ap-
« plique directement aux notaires, aux greffiers et aux
« huissiers, auxquels les lois des 26 juillet 1790 et 17 sep-
« tembre 1793 avaient *transféré* les fonctions des anciens
« jurés-priseurs, dont les offices venaient d'être sup-
« primés ;

« Considérant que les lois des 27 ventôse an 9 et 28
« avril 1816, en faisant cesser le droit antérieur des no-
« taires, greffiers et huissiers, ont transmis *leurs attribu-*
« *tions momentanées* aux commissaires-priseurs, *sans au-*
« *cune exception*, que notamment il n'a été introduit
« aucune distinction entre les ventes publiques faites au

« comptant et celles qui pourraient être faites avec ter-
« mes de crédit ; que dès lors l'*interdiction absolue*, faite
« aux notaires de Paris et des départements aux termes de
« ces deux lois, et *le droit exclusif* accordé aux commis-
« saires-priseurs dans le chef-lieu de leur établissement,
« ne peuvent admettre la *restriction des attributions* des
« commissaires-priseurs, *aux seules ventes faites au*
« *comptant.*

« Considérant que si l'on devait consulter l'usage qui
« s'est établi depuis la loi du 28 avril 1816 dans les
« chefs-lieux d'établissement des commissaires-priseurs
« des départements, on y remarquerait dans plusieurs
« circonstances des ventes mobilières *faites à terme*, ces
« commissaires-priseurs demeurant, sans contredit, ga-
« rants dans tous les cas du crédit *par eux* accordé ;

« Considérant qu'il en était de même sous l'empire
« de la législation antérieure à 1790 ; qu'il est constant
« que les lois des 27 ventôse an IX et 28 avril 1816,
« n'ont fait que rétablir les anciens huissiers-priseurs,
« ou jurés-priseurs créés par les édits de 1556 et 1696
« et par celui de février 1771 ; que, par ces édits, les
« notaires avaient été également exclus de toute parti-
« cipation aux ventes publiques de meubles attribuées
« aux jurés-priseurs vendeurs de biens meubles ; qu'en
« s'attachant notamment au dernier de ces édits on
« trouve dans son art. 5 que « lesdits jurés-priseurs ven-
« deurs de meubles feront seuls, à l'exclusion de tous
« autres , la prisée, exposition et vente de tous biens
« meubles , soit qu'elles soient faites volontairement
« après les inventaires, ou par autorité de justice, en

« quelque sorte et de quelque manière que ce puisse
« être, et sans aucune exception ; » qu'après *cette attri-*
« *bution illimitée* faites aux jurés-priseurs, l'art. 9 du
« même édit fait « très expresses défenses à tous notaires
« de s'immiscer à l'avenir, de faire lesdites prisées, ex-
« positions et ventes de biens meubles, en quelque ma-
« nière que ce soit ; » que les attributions des jurés-pri-
« seurs portent évidemment sur les ventes à terme aussi
« bien que sur celles au comptant, tandis qu'une *prohi-*
« *bition générale et sans exception* frappe les notaires ;

« Considérant que sans cette prohibition générale, *il*
« *eût été trop facile d'éluder le droit exclusif des jurés-*
« *priseurs ;* qu'en admettant cette distinction des ventes
« *à terme,* de celles faites *au comptant,* les notaires pour-
« raient aujourd'hui, comme ils l'auraient pu sous l'em-
« pire des anciens édits, *anéantir le privilége des commis-*
« *saires-priseurs dans les lieux de leur établissement, et*
« *qu'il leur suffirait pour cela de faire stipuler aux parties*
« *intéressées un crédit quelconque, ne fût-il que de quel-*
« *ques jours ;*

« Considérant que cette prétendue restriction du pri-
« vilége des commissaires-priseurs ne saurait s'appuyer
« sur la discussion qui a eu lieu d'abord à la Cour de
« cassation et ensuite devant les Chambres, à l'occasion
« de la vente des fruits pendant par racines ; que cette
« restriction, simplement énoncée devant l'autorité ju-
« diciaire , ensuite proposée par voie d'amendement
« par une commission législative, n'a néanmoins reçu
« la sanction d'aucun de ces deux pouvoirs ; — que l'on
« conçoit *que les usages particuliers à la ville de Paris,*

« que l'examen de quelques procès-verbaux de ses com-
« missaires-priseurs aient pu induire en erreur et faire
« admettre la doctrine que, d'après leur institution,
« les commissaires-priseurs ne pourraient vendre qu'au
« comptant; mais il faut reconnaître à l'instant que si
« cette vente au comptant était en quelque sorte de né-
« cessité à Paris, où les jurés et commissaires-priseurs ne
« connaissent ni les adjudicataires ni leur solvabilité,
« cet usage utile en cette ville ne peut avoir la force de
« *modifier la loi* dans les départements et d'y restreindre
« les attributions des commissaires-priseurs dans les chefs-
« lieux où ils ont été établis ;

« Considérant que, même à Paris, les ventes à terme
« n'étaient pas interdites aux jurés priseurs-vendeurs
« sous l'empire des édits de 1556, 1696 et 1771 ; que si
« l'acte de notoriété du Châtelet, du 15 mai 1703, énonce
« transitoirement que les huissiers priseurs *doivent se*
« *faire payer le prix comptant sur le champ*, c'est plutôt
« un conseil donné aux huissiers priseurs de Paris, qu'une
« interdiction à tous de procéder autrement ; que c'est
« ce qu'indique la note de Denisart sur ce passage de
« l'acte de notoriété de 1703, où il est dit que les huissiers-
« priseurs sont garants du crédit qu'*ils font* ; « que le
« même Denisart rapporte un arrêt de la grand-cham-
« bre du 25 novembre 1763 qui a prononcé contre un
« huissier-priseur la responsabilité d'une vente mobilière
« qu'il avait faite à crédit ; qu'ainsi se trouve confirmée
« l'opinion que la vente au comptant n'était pas une
« restriction imposée aux huissiers-priseurs, mais une
« mesure de prudence, moins nécessaire dans les au-

« tres chefs-lieux d'établissement de commissaires-pri-
« seurs ; »

« Considérant d'ailleurs que la spécialité même de la
« vente dont il s'agit fournit de nouveaux motifs en fa-
« veur de l'appelant ; qu'il s'agit en effet d'une vente
« des effets et marchandises d'un failli, à la diligence
« d'un syndic ou directeur de la masse ; que ces ventes
« se font le plus souvent à crédit ; que d'après l'article 492
« du Code de commerce interprété par l'usage et la ju-
« risprudence, les commissaires-priseurs et les courtiers
« de commerce sont autorisés à y procéder ; que ce serait
« une erreur de considérer les procès-verbaux des com-
« missaires-priseurs comme n'étant pas de nature à ren-
« fermer des stipulations de crédit ; qu'on vient de voir
« qu'ils sont placés sur la même ligne que les courtiers
« de commerce pour ces sortes de ventes ; que le décret
« du 17 avril 1812 autorise les courtiers à insérer de
« semblables stipulations de crédit dans les procès-ver-
« baux des ventes qu'ils font des effets et marchandises
« du failli, et qu'il n'y aurait pas de motifs de priver les
« commissaires-priseurs d'une faculté de crédit, seule
« capable d'assurer leur concurrence avec les courtiers
« de commerce ;

« Considérant enfin que cette faculté de vendre à
« terme est suffisamment établie en faveur des commis-
« saires-priseurs eux-mêmes par l'art. 3 de la loi du 27
« ventôse an 9 ; que cet article porte en effet qu'ils pour-
« ront recevoir toutes déclarations concernant les ventes
« qu'ils sont autorisés à faire, ce qui doit s'entendre
« d'une déclaration de crédit comme de toute autre ;

« Considérant d'ailleurs, que leurs procès-verbaux
« sont revêtus du caractère de l'authenticité ; que ce
« caractère leur est accordé par l'édit de 1556 qui veut
« que foi soit ajoutée à ces procès-verbaux *comme aux*
« *registres et actes publics*, qu'ils peuvent délivrer *acte*,
« *copies* et *extraits desdits procès-verbaux* ;—qu'on doit
« donc conclure de ces observations non-seulement qu'au-
« cune loi ne prive les commissaires-priseurs de la faculté
« de pouvoir vendre eux-mêmes à crédit, lorsqu'ils
« croient pouvoir le faire sans exposer leur garantie ;
« mais encore que leur privilége subsiste, nonobstant
« les ventes à terme qui auraient pu avoir été stipulées
« *par les parties elles-mêmes* ; que sans cela il faudrait
« admettre que des *attributions touchant au droit public*,
« aux pouvoirs des fonctionnaires spéciaux, pourraient
« être *arbitrairement violées* par la seule volonté des par-
« ties, par la simple stipulation d'un terme de crédit ou
« de toute autre condition, *moyen auquel la rivalité d'at-*
« *tributions ne manquerait pas de recourir* ;

« Considérant que ce serait en vain qu'on voudrait
« combattre le droit exclusif des commissaires-priseurs
« dans les chefs-lieux de leur établissement, en s'ap-
« puyant sur les termes généraux de l'art. 1er de la loi
« du 25 ventôse an 11, et sur l'intérêt que peuvent avoir
« les parties de se procurer un acte de vente mobilière
« portant exécution parée ; que la loi du 25 ventôse
« an 11 est une loi générale sur le notariat ; qu'une loi
« de cette nature n'a pas pu déroger à celle spéciale du 27
« ventôse an 9 confirmée par celle du 28 avril 1816 ; que
« la loi du 25 ventôse an 11 a si peu dérogé à celle du 27

« ventôse an 9, que par son article 7 elle déclare les fonc-
« tions du notaire incompatibles avec celles des commis-
« saires aux ventes où commissaires-priseurs créés depuis
« deux ans; que de cette incompatibilité prononcée, dé-
« rive encore la conséquence que dans les chefs-lieux
« d'établissement des commissaires-priseurs, les ventes
« de leur compétence ne peuvent pas leur être enlevées
« indirectement par la stipulation d'un terme de crédit;
« —qu'enfin si l'on devait admettre pour des cas rares
« l'intervention des notaires, sous le prétexte de procu-
« rer à la partie un acte de vente portant exécution
« *parée*, le concours insolite du notaire dans de telles
« circonstances ne devrait avoir lieu qu'en le conciliant
« avec l'exercice du droit exclusif du commissaire-priseur
« auquel appartiendrait toujours l'opération matérielle
« de la vente aux enchères et les droits qui en résultent;

« Considérant, d'après ces motifs que l'intimé a mal
« à propos passé outre, nonobstant l'opposition de l'ap-
« pelant à la criée et vente publique aux enchères des
« meubles et marchandises du failli Marchal, faite à la
« diligence du syndic ou directeur de la masse, et qu'il
« doit indemniser l'appelant du préjudice que cette vente
« lui a causé;

« Par ces motifs, la Cour met l'appellation et ce dont
« est appel au néant, etc. »

8 Mars 1837, arrêt de rejet.

« La Cour, attendu qu'il ne s'agit point dans l'espèce
« de vente d'effets mobiliers *sur saisie-exécution*, ni par
« conséquent de l'application des articles 624 et 625 du
« Code de procédure civile;

« Attendu qu'en matière de ventes volontaires de meu-
« bles d'après les lois des 27 ventôse an 9 et 28 avril 1816,
« les commissaires-priseurs ont seuls le droit de vendre
« les meubles aux enchères publiques;—que ce droit leur
« est attribué dans le chef-lieu de leur établissement, à
« l'exclusion de tous officiers ministériels ou autres;—
« qu'ainsi les notaires ne peuvent, dans lesdits lieux pro-
« céder concurremment avec les commissaires-priseurs,
« à ces sortes de ventes, ni s'en attribuer le droit contre
« la disposition prohibitive de la loi, *au moyen de la*
« *stipulation d'un crédit quelconque accordé aux adjudi-*
« *cataires*;

« Attendu que les lois de l'an 9 et de 1816 ne prohi-
« bent point aux commissaires-priseurs d'accorder aux
« adjudicataires crédit et délai pour le paiement; qu'une
« telle prohibition qui n'aurait pu être établie que dans
« l'intérêt du vendeur, n'aurait eu d'autre effet que de
« rendre les commissaires-priseurs responsables envers
« le vendeur, et que tout ce qui aurait été fait au con-
« traire n'aurait pu profiter aux notaires et aux officiers
« publics qui, dans aucun cas, ne peuvent, dans le lieu
« de l'établissement des commissaires-priseurs, faire des
« ventes publiques de *meubles aux enchères*, soit *au*
« *comptant*, soit *à crédit*;—Qu'en cet état, il est évident
« que ces sortes de ventes qui, seules, en grand nombre
« de cas et de lieux, peuvent porter à leur juste valeur
« les objets qui sont à vendre, peuvent avoir lieu par le
« ministère des commissaires-priseurs, *par la volonté du*
« *vendeur* et sous la responsabilité de l'officier public,
« qui peuvent bien, à leurs risques et périls, suivre la

« foi des adjudicataires en se conformant à un usage
« presque universel et qui ne paraît avoir engendré
« aucun notable inconvénient ; — Que cette manière de
« procéder ne porte aucune atteinte aux droits qu'ont
« seuls les notaires de donner force exécutoire aux con-
« ventions des parties ; — Que, dans tous les cas , les no-
« taires, investis de fonctions plus importantes, n'ont ni
« droit ni intérêt à s'immiscer dans celles des commis-
« saires-priseurs aux lieux de l'établissement de ces der-
« niers ;

« Attendu que, d'après ces motifs , la Cour royale de
« Nancy n'a violé aucune loi, en faisant droit sur l'op-
« position du commissaire-priseur à la vente publique
« aux enchères faite par un notaire , qui ne pouvait
« avoir, sous aucun prétexte , le droit de faire, soit à
« crédit, soit au comptant, une vente publique aux en-
« chères de meubles ;—Rejette, etc. »

Jusqu'ici nous n'avons guère été que rapporteur : —
Nous avons repoussé les assertions des notaires par des
textes de législation et de jurisprudence : — Nous croyons
pouvoir achever de dissiper leurs illusions par quelques
observations sur lesquelles on ne nous paraît pas avoir
suffisamment appelé l'attention jusqu'à ce jour.

§ 4. — Observations nouvelles.

1ʳᵉ PROPOSITION. — *Les ventes au comptant sont des conventions aussi
bien que les ventes à crédit.*

Qui dit vente, dit convention , et ce n'est pas sous ce
point de vue général qu'il peut exister une divergence.

Sans doute, les ventes à crédit ont des suites ultérieures pour lesquelles on est obligé de recourir au procès-verbal qui doit en avoir été dressé au moment de la vente; mais en cela elles n'ont rien qui les distingue nécessairement des ventes au comptant et qui doive influer sur la compétence de l'instrumentaire.

Les ventes sur simple échantillon ont bien aussi des suites ultérieures pour lesquelles il faut recourir au procès-verbal de l'instrumentaire, et nous avons vu qu'elles n'en sont pas moins expressément attribuées aux huissiers comme aux notaires; c'est même ce que con state de nouveau une ordonnance réglementaire du 1er mai 1816 qui rappelle les huissiers, greffiers et notaires à l'observation de l'arrêt du conseil du 13 novembre 1778, relativement au contenu obligé de leur procès-verbal.

Dans les ventes mêmes où la livraison et le paiement doivent avoir lieu sur-le-champ, qu'un enchérisseur, une fois l'adjudication prononcée, refuse de se livrer, ou qu'après s'être livré, il refuse de payer : ne faudra-t-il pas recourir au procès-verbal pour prouver qu'il est adjudicataire, et qu'il doit payer ou subir la folle enchère?

Qu'après avoir payé et s'être livré, l'adjudicataire vienne à découvrir des vices cachés dans l'objet adjugé et propres à engendrer garantie dans les ventes faites sans autorité de justice, ne pourra-t-il pas recourir au procès-verbal pour prouver la vente et son prix, si le vendeur conteste que l'objet ait été vendu, ou, qu'il ait été vendu le prix dont la restitution lui est demandée pour le tout ou pour partie.

Si l'adjudication porte sur des futailles, sur des arbres gisants près de leurs souches , sur des récoltes engrangées, la livraison ne peut pas avoir lieu sur-le-champ : que des difficultés s'élèvent sur le nombre, la qualité , l'enlèvement des objets vendus, le procès-verbal ne sera-t-il pas dans bien des cas un titre commun à consulter ?

Et pourquoi ne serait-il pas permis d'insérer dans les conditions générales de la vente des stipulations propres à prévenir ces difficultés ? d'y insérer, par exemple, que la vente aura lieu sans garantie , — que le retirement des tonneaux et des arbres gisants, — que le battage des récoltes, — que la livraison des pailles au fermier entrant auront lieu de telle ou telle manière et dans tel ou tel temps ? Que les récoltes ou les grains sont vendus en bloc et non au poids, au nombre ou à la mesure, etc., etc.; que les pommes adjugées pourront être pilées à tel pressoir ?

C'est ce qui se fait tous les jours ; — En quoi la simple concession d'un délai présenterait-elle plus de difficultés ? Bientôt nous allons voir que cette concession n'émane pas de l'instrumentaire, et qu'au fond elle réduit au lieu d'étendre les pouvoirs à lui confiés par la loi.

2ᵉ Proposition. — *Les ventes au comptant sont, comme les ventes à crédit, des conventions en dehors des attributions naturelles des notaires.*

Pourquoi les notaires ont-ils été institués ? La loi du 25 ventôse an 11 répond :

« Art. 1ᵉʳ. Les notaires sont les fonctionnaires publics

« établis pour recevoir tous les actes et contrats auxquels
« les parties doivent ou veulent faire donner le carac-
« tère *d'authenticité attaché aux actes de l'autorité pu-*
« *blique,* et pour en *assurer la date,* en *conserver le dépôt,*
« en *délivrer des grosses* et expéditions. »

Dresser ou *recevoir* la *preuve* des conventions *interve-*
nues entre les parties, la *conserver* ou la *reproduire,* tel
est le cercle naturel de leurs fonctions ; ils sont appelés
à concourir aux conventions pour *leur preuve* seulement,
et non pas *pour leur formation.*

Qu'un incapable contracte une obligation et en sou-
scrive un acte devant notaire : le vice de son consentement n'en subsistera pas moins que si l'acte était sous
seing.

Il est vrai que certaines conventions sont assujetties à
des formes solennelles et doivent être passées devant notaires à peine de nullité : telles sont les donations entre-
vifs, les contrats de mariage, les constitutions d'hypothèques, etc ;—mais cela n'a trait qu'à la forme et à la
solennité extrinsèque : ce n'est pas le notaire qui *con-*
tracte dans ces conventions pas plus que dans les autres,
il se borne toujours à *constater* que les parties elles-mêmes
ont *contracté.*

Se renferme-t-il dans ces limites quand il procède aux
prisées ou ventes de meubles à l'encan ?

Nul doute pour les prisées. La loi ne demande pas à
l'estimateur, notaire ou autre, ce que les parties lui ont
déclaré sur la valeur des objets, mais quelle valeur
il leur assigne lui-même d'après son jugement per-
sonnel.—Il est donc bien certain que cette mission ne

rentre pas dans les attributions naturelles du notariat.

Aisément on reconnaît qu'il en est de même dans les ventes publiques de meubles : elles ne se font pas seulement *devant* l'instrumentaire, il *les fait* lui-même ; c'est ce que nous disent toutes les lois qui s'en occupent.

Ainsi dans la première période, l'édit de 1556 (*suprà*, p. 5), permettait bien aux parties d'appeler un huissier ordinaire, *mais pour assister seulement auxdites ventes qui* SE FERONT PAR LESDITS PRISEURS-VENDEURS :

D'après l'édit d'octobre 1696, les jurés-priseurs *font seuls* les ventes, et *ils reçoivent les deniers en provenant quand même les parties y appelleraient des huissiers :*

L'acte de notoriété, du 25 mai 1703, dans sa partie non contestée, expliquant le mécanisme des prisées et ventes, dit lui-même qu'il appartient aux huissiers-priseurs de *crier les meubles et de les* ADJUGER *au plus offrant et dernier enchérisseur.*

Dans la deuxième période :

Toujours même langage dans l'édit de février 1771 : —FERONT *seuls* et à l'exclusion de tous autres les prisées et ventes :—Dans les lettres patentes du 7 juillet 1771, voulons qu'ils *puissent* FAIRE *valablement quand ils en seront requis.* Dans l'arrêt du 21 août 1775, *il ne pourra être* PROCÉDÉ *à aucune exposition et vente à l'encan..... par d'autres que par des notaires, greffiers ou huissiers.* —*Défense à toutes autres personnes,* MÊME AUX PROPRIÉTAIRES, *de s'immiscer* A FAIRE *lesdites expositions* et ventes à l'encan.

Dans l'arrêt du 13 novembre 1778,—*défenses à toutes personnes sans caractère,* MÊME AUX PROPRIÉTAIRES, de

FAIRE PERSONNELLEMENT *l'exposition, vente ou adjudica-tion à l'encan d'aucuns biens meubles.....—injonction* D'Y FAIRE PROCÉDER *par tels notaire, greffier, huissier.....* —obligation à ceux-ci *de comprendre dans leurs procès-verbaux tous les articles exposés en vente, tant ceux par eux* ADJUGÉS..... *que ceux retirés ou* LIVRÉS *par les pro-priétaires pour le prix de la prisée ou de l'enchère.*

Toujours même langage enfin dans la législation nou-velle.

Le décret de 1790 autorise les notaires et leurs con-currents A FAIRE *les ventes de meubles :* celui de 1793 *à faire les prisées et ventes de meubles ;* sans parler des ar-rêtés de l'an 4 et de l'an 5, la loi du 22 pluviose an 7 veut que la vente soit faite non-seulement en présence, mais PAR LE MINISTÈRE d'officiers publics (art. 1er), — que *chaque objet* ADJUGÉ *soit porté de suite au procès-verbal* (art. 5).

Inutile de pousser plus loin ces extraits dont le texte ou la pensée se retrouvent constamment dans les lois pos-térieures.

C'est donc bien l'officier public qui *fait* lui-même la vente, qui *adjuge.* — Il n'était pas possible non plus qu'il en fût autrement.—Parcourons en effet les principales espèces.

Dans les ventes forcées, le saisissant n'est pas proprié-taire et ne peut vendre la chose d'autrui : il a bien sur les objets saisis un droit de gage, mais cela ne l'autorise pas à disposer lui-même de la propriété qu'il n'a point: il y aurait des créanciers qui, certains d'être payés, ou hostiles au débiteur, vendraient à vil prix.—Le saisi lui-

même a perdu par la saisie la disposition de sa chose ;
—certain de sa ruine il pourrait vouloir vendre à vil
prix pour nuire à ses créanciers et l'instrumentaire ne
pourrait empêcher ces abus, s'il était réduit à constater
la vente sans participer à sa formation.

Dans les ventes requises par des tuteurs pour des in-
capables ou des absents les réquerants, n'ayant point personnellement pouvoir de vendre, ne peuvent être censés
faire la vente.

Si les héritiers bénéficiaires faisaient la vente eux-
mêmes, ils perdraient le bénéfice d'inventaire, quand
même cette vente serait passée *devant notaire*.

Quand il s'agit d'un ou de plusieurs propriétaires
maîtres de leurs droits, ils pourraient sans doute vendre
de *gré à gré* et demander acte de cette vente à un notaire, mais s'ils veulent prendre la voie des enchères publiques, il leur est interdit, sous peine de mille livres
d'amende, de faire personnellement l'exposition, la vente
ou adjudication à l'encan.

Et pourquoi cela? M. Hébert, aujourd'hui ministre
de la justice, l'indiquait dans un remarquable rapport à
la Chambre des députés, le 24 avril 1840 (*Moniteur* du
29). « Soit que ce mode de vente ait pour objet de pro-
« téger les intérêts du mineur, de l'absent....., soit qu'il
« offre *au propriétaire, maître de ses droits,* un moyen
« plus avantageux de vendre sa propriété mobilière,
« toujours on sent le besoin de règles tutélaires, qui
« puissent *garantir les intérêts du vendeur,* la *sécurité*
« *de l'acheteur,* et *le maintien du bon ordre,* au milieu
« d'opérations qui, par leur nature, *laissent peu de*

« *place à la réflexion, offrent beaucoup de ressources à*
« *la ruse* et mettent en présence des intérêts contraires. »

Cette intervention de l'officier public n'a donc pas
lieu seulement dans l'intérêt du vendeur, elle a lieu plus
encore dans l'intérêt de la justice et de l'ordre public.

Il ne faut cependant rien exagérer ; l'instrumentaire
ne fait pas seul la vente. Il mêle seulement son concours
à celui plus ou moins direct des parties.

Ainsi, le vendeur a commencé par déclarer son intention d'aliéner, en requérant un officier ministériel de
procéder à la vente.

C'est encore le requérant qui détermine les conditions
qui devront FORMER *la base et la règle du contrat à intervenir.* C'est lui, par exemple, qui fixe les délais pour
la livraison ou le paiement, et c'est ici le cas de remarquer que la vente à crédit, loin d'être une extension du
ministère et des pouvoirs de l'instrumentaire, en est au
contraire la réduction, puisqu'autrement ce serait à lui
de recevoir les deniers des mains des adjudicataires, sauf
à en compter plus tard.

Mais cette intention de vendre et ces conditions générales, *qui seront la base et la règle du contrat*, ne sont
pas encore le contrat, disons mieux *ne sont pas* LES
CONTRATS : car, hors les cas exceptionnels, ce qu'on ap-
pelle une vente à l'encan ne se fait pas en un bloc, mais
par lots plus ou moins exigus, et l'adjudication de chaque lot constitue à la rigueur un contrat distinct dans ses
éléments particuliers, quoiqu'en rapport avec les autres
sous le point de vue des conditions générales.

Pour arriver à la formation de chacun de ces contrats,

de chacune de ces ventes particulières, il reste à s'entendre et sur ce qui en fera l'objet et sur le prix.

C'est ici que commence l'action personnelle de l'instrumentaire. — C'est lui qui expose, qui met sous les yeux du public les objets composant chaque lot. C'est lui qui en fait ou fait faire le *cri* ou la *criée ;* c'est-à-dire qui déclare à haute voix le prix sur lequel s'ouvrent les enchères. — C'est lui qui reçoit et proclame les enchères offertes et qui en provoque de nouvelles.

L'intervention de l'acheteur ne commence qu'après celle de l'instrumentaire ; il n'a pas à discuter les conditions générales ; si elles ne lui conviennent point, il n'a qu'une chose à faire, c'est de ne pas enchérir. — Mais avant d'enchérir, il doit être mis à même de connaître ce qui constitue le lot exposé en vente, et c'est pour qu'il n'y ait pas de supercherie à son préjudice que cette exposition doit être faite par l'officier public ; quand il propose une enchère, il déclare par là même qu'il *consent* acquérir moyennant la somme offerte ; de nouvelles enchères surviennent : à qui d'en prolonger ou d'en arrêter le cours, à qui de juger si la dernière somme offerte est suffisante, ou s'il faut attendre des offres nouvelles et supérieures ? — C'est à l'officier instrumentaire. — C'est lui qui accepte l'offre quand il la trouve suffisante, et qui *adjuge* au plus offrant.

C'est donc bien l'instrumentaire qui procède à chaque vente particulière et qui la conclut.

C'est encore lui qui procède à son exécution par la livraison de la chose et la réception du denier, quand la livraison et le paiement ne sont pas renvoyés à un délai plus ou moins long par les conditions générales.

Quoi de moins conforme que ces opérations aux fonctions ordinaires des notaires ? Un notaire qui *ferait une vente de gré à gré*, ou qui en conclurait le marché *au lieu et place du propriétaire*, qui recevrait personnellement le prix de la vente *passée devant lui* et en donnerait quittance, ne pourrait le faire que comme mandataire du propriétaire ; identifié avec lui, il ne pourrait dresser en forme authentique ni l'acte de vente, ni la quittance, pas plus que le vendeur ne le pourrait lui-même. Il aurait abdiqué son rôle d'officier public pour se faire l'homme de l'une des parties et le contradicteur de l'autre.

Dans les ventes de meubles à l'encan, il n'agit point comme le mandataire, soit de l'une, soit de l'autre des parties, mais en vertu du pouvoir qu'il tient des lois spéciales ; la partie qui requiert son ministère a recours à ce pouvoir, elle ne le lui confère pas. — C'est ainsi que dans l'ordre de ses attributions ordinaires, le notaire ne tient pas des parties le droit de conférer l'authenticité à l'acte qu'il dresse de la convention intervenue entre elles ; ce droit résulte pour lui de la loi de son institution ; les parties, en s'adressant à lui, n'ont fait que lui donner occasion d'exercer ce droit dans leur intérêt.

Le droit de faire les ventes à l'encan ne découle donc point pour les notaires de la loi de leur institution ; ils ne le tiennent que des lois mêmes qui l'ont attribué aux huissiers et greffiers avec la plus entière concurrence entre eux tous. — Ces lois n'ont pas excepté de cette concurrence les ventes à crédit ; ces ventes ne sont pas extensives mais restrictives du pouvoir que l'instrumentaire exerce dans les ventes au comptant.

Il n'y a donc nulle raison de placer les ventes à crédit en dehors de cette législation spéciale ; si elles n'y étaient pas comprises, les notaires eux-mêmes ne pourraient y procéder à aucun titre ; car, on ne saurait trop le répéter, ils ne sont pas institués pour *former* les conventions, mais seulement pour *en dresser la preuve*.

Et qu'ils ne cherchent pas à argumenter de ce qui se passe dans les ventes d'immeubles ; les règles en effet sont entièrement différentes, — Ou les vendeurs sont maîtres de leurs droits et tous d'accord, et alors ils peuvent provoquer la réunion du public et faire eux-mêmes la vente de leurs immeubles aux enchères, sans le ministère d'un officier public. — La prohibition n'a été prononcée qu'à l'égard des meubles, et, comme toute disposition prohibitive et pénale, elle doit se renfermer dans son objet. (Dijon, 30 janvier 1840, Sirey, 40.2.107 ; — Rejet 20 février 1843, Sirey, 43.1.309.)

S'ils s'adressent à un notaire, c'est pour faire la vente devant lui et non par lui ; ils ne pourraient lui donner de leur chef le pouvoir de vendre pour eux, sans l'enlever par cela même, et dans cette opération, à son caractère d'officier public, pour en faire leur mandataire. — Ce sont eux-mêmes qui vendent en sa présence ; ils peuvent se passer de feux pour déterminer la durée des enchères ; leur signature est nécessaire pour la validité de la vente. — Ce sont eux qui en touchent et quittancent le prix, soit qu'il doive être versé comptant, soit qu'il doive l'être ultérieurement.

Ou les vendeurs ne sont pas maîtres de disposer des immeubles à vendre, et alors la vente n'a lieu que par autorité de justice; elle se fait même à la barre et devant un membre du tribunal, à moins que la justice n'ait commis un notaire devant lequel elle renvoie à cet effet (art. 954 du Code de procédure); mais ce notaire tient alors ses pouvoirs de la délégation judiciaire qui lui est confiée, et non directement de la loi ni de la réquisition des parties.

Ce n'est pas le notaire, c'est le tribunal qui détermine la mise à prix de chacun des immeubles, aussi bien que les conditions de la vente (art. 955 du Code de procédure).

Il n'est pas laissé à l'arbitrage du notaire de prolonger indéfiniment les enchères, d'apprécier quand la somme offerte est suffisante; aussitôt que les enchères sont ouvertes, il est allumé successivement des bougies d'une durée limitée, et si certain nombre de ces bougies s'éteignent après une enchère, sans qu'il soit survenu de nouvelles enchères pendant leur durée, le dernier enchérisseur est *déclaré* adjudicataire (art. 705, 706 et 964 du Code de procédure).

Il n'y a rien là qui soit abandonné à la volonté ou au jugement du notaire pour la formation du contrat; il constate un fait matériel passé sous ses yeux. — Tel a offert la plus forte somme, et, depuis son offre, deux bougies se sont éteintes sans nouvelles enchères; le notaire *déclare*, par suite, *qu'il y a adjudication* plutôt qu'il *ne fait* l'adjudication.

Il ne reçoit, d'ailleurs, ni ne quittance personnellement aucune partie du prix ; il ne préside non plus en aucun cas à la délivrance de l'objet vendu. Il est donc évident qu'il n'y a rien de commun entre la vente d'un immeuble aux enchères et la vente de meubles à l'encan : —et parce que le notaire peut, en certains cas, être appelé à *constater* la première, il ne s'ensuit nullement qu'il pût faire la seconde, si elle ne se trouvait pas comprise dans les attributions à lui conférées concurremment avec les huissiers et les greffiers.

Répétons-le donc, ou la vente des meubles à l'encan et à crédit est comprise dans ces attributions, comme nous l'avons établi, et alors les huissiers et les greffiers y peuvent procéder comme les notaires eux-mêmes ; —ou elle n'y est pas comprise, et alors les notaires n'y peuvent pas plus procéder que les huissiers et les greffiers.

3ᵉ PROPOSITION. — *Les officiers autorisés à faire ces ventes peuvent en dresser des procès-verbaux les uns comme les autres.*

Les huissiers et les greffiers sont officiers publics, et , dans leur sphère, ils ont aussi bien que les notaires le droit de conférer l'authenticité aux actes qu'ils confectionnent.

Par cela seul qu'ils sont chargés des ventes de meubles à l'encan, concurremment avec les notaires , l'art. 1317 du Code civil les autorise les uns comme les autres à en dresser des procès-verbaux authentiques : nous n'avons pas besoin de revenir, d'ailleurs, sur les dispositions de la législation spéciale déjà signalées, qui non-seulement les y autorisent, mais même le leur enjoignent expressément.

Appelés à procéder à la vente et à en constater l'existence, ils sont autorisés en même temps à constater les conditions qui font, comme le dit le décret du 17 avril 1812, *la base et la règle* du contrat : le leur interdire, ce serait tronquer l'opération.

Sans doute l'huissier et le greffier ne pourraient partir de là pour insérer dans leur procès-verbal des conventions étrangères à la vente, constater, par exemple, une location ou une vente d'immeubles ; ces insertions, se les fussent-ils permises, ne participeraient pas à l'authenticité et ne vaudraient que comme actes privés, si encore les parties les avaient souscrites, sans préjudice des mesures de discipline ou autres à prendre contre l'instrumentaire indiscret : mais tout ce qui fait partie intégrante de la vente, ce qui en est une condition essentielle, doit, de toute nécessité, figurer au procès-verbal. Il y a indivisibilité forcée : — Qui veut la fin veut les moyens.

A la vérité ces conditions, le délai de paiement, par exemple, émanent du requérant et non de l'instrumentaire, ce qui réduit ce dernier à dresser une simple constatation en cette partie ; mais ces conditions ne sont pas une convention quelconque, ce sont les éléments d'une convention à former, et dont la suite et la conclusion sont abandonnées aux fonctionnaires des catégories désignées ; en constatant ces conditions, l'instrumentaire n'empiète donc pas sur autrui, il accomplit seulement la mission qu'il tient de la législation spéciale, et il l'accomplit selon la fin que cette législation s'est proposée. (Art. 1221-5° du Code civil.)

Mais si tous ces officiers peuvent, en ce cas, dresser des procès-verbaux authentiques, les notaires auront-ils la prérogative de délivrer des leurs des grosses exécutoires ? Nous ne le pensons pas : —la force exécutoire n'est accordée de droit qu'à ceux des actes que les notaires ont reçus ou passés en leur qualité de notaires et en vertu de leurs attributions naturelles (art. 1er, 20 et 21 de la loi du 25 ventôse an XI), — C'est-à-dire, quand ces actes ont été déposés par les parties d'un commun consentement, ou que le notaire les a dressés pour constater seulement la convention intervenue entre les parties elles-mêmes. Nous ne voyons nulle part que la loi ait étendu ce privilége aux actes constatant les opérations que les notaires peuvent être appelés à faire eux-mêmes en dehors de leurs attributions naturelles.

Vainement ils prendraient la précaution de faire signer les parties et les témoins à chaque article de vente mobilière à l'encan : leur ministère ne descendrait pas pour cela au rôle de simples certificateurs ; la signature du requérant entraînerait seulement contre lui la preuve qu'il a agréé la vente, et une fin de non-recevoir s'il voulait plus tard la critiquer, comme faite à un adjudicataire insolvable, ou sous quelque autre prétexte que ce soit. Mais la vente n'en serait pas moins toujours conclue par l'instrumentaire lui-même, sans quoi il y aurait contravention et amende.

Vainement encore les notaires prétexteraient ce qui a lieu en matière de vente d'immeubles ; nous venons de voir que ces ventes ne sont pas faites *par eux,* mais *devant eux :* qu'en tout cas ils se bornent à déclarer qu'il y a *adjudication* par le fait de l'accomplissement, sous leurs yeux, des conditions matérielles auxquelles la loi et les parties avaient attaché la conclusion du contrat.

Il n'y a donc pas plus à conclure des ventes d'immeubles aux ventes de meubles, sous le rapport de la forme que sous le rapport du fond.

Quant à la constitution d'hypothèques, nous ne voyons nulle part que la loi ait autorisé les notaires à accepter ces sûretés au lieu et place des parties : il faudrait un acte isolé ou annexé au procès-verbal et dans lequel il serait constaté que la constitution d'hypothèque serait consentie d'une part, et agréée de l'autre, par les parties mêmes, et dans lequel le notaire n'aurait à jouer que le rôle de certificateur. Mais, à moins de cas tout à fait exceptionnels, quand demande-t-on des hypothèques dans les ventes mobilières? Comment pourrait-on vérifier la valeur du gage offert, son établissement de propriété, son exemption de charges, et cela en présence d'un public assemblé et réduit au désœuvrement pendant ces investigations pour lesquelles les adjudicataires n'auraient la plupart du temps rien de ce qui serait nécessaire et qui entraîneraient toujours des retards mortels pour le surplus de la vente? Quels adjudicataires voudraient, d'ailleurs, se soumettre à de pareilles exigences, et s'exposer au discrédit qui pourrait être la suite d'un examen et d'un refus publics?

Si jamais, du reste, de pareilles précautions pouvaient être utiles, rien n'empêcherait un propriétaire de requérir un notaire d'assister à la vente de son mobilier pour y recevoir les constitutions d'hypothèques dont le besoin se rencontrerait ;—les notaires ne pourraient s'y refuser. « *Ils sont tenus de prêter leur ministère lorsqu'ils* « *en sont requis,* » dit formellement l'art. 3 de la loi du 25 ventôse an XI.

Ou, si ce propriétaire croyait devoir céder à la crainte d'un mauvais vouloir de la part du notaire en pareil cas, il s'adresserait à lui pour faire la vente elle-même. —Les huissiers et les greffiers n'ont et ne réclament que la concurrence ;—quand on 'adresse à eux, c'est qu'on ne sent pas le besoin de recourir ailleurs, et l'on peut souvent en avoir de bonnes raisons.

De quelque côté que l'on envisage les choses, il est donc impossible d'établir, entre les ventes à crédit et les ventes au comptant, une différence quelconque qui permette d'enlever les premières aux huissiers, greffiers et commissaires-priseurs pour les attribuer exclusivement aux notaires.

Tout se réunit pour repousser un pareil privilége.

DEUXIÈME PARTIE.

DE LA VENTE AUX ENCHÉRES DES ARBRES ET RÉCOLTES POUR ÊTRE DÉTACHÉS DU SOL.

Ces ventes appartiennent aux huissiers et greffiers comme aux notaires : c'est ce que prouvent la législation et la jurisprudence de toutes les époques, et si, depuis 1822, la Cour de cassation a suivi des errements contraires, c'était sans raisons suffisantes.

§ Ier. — Législation et jurisprudence antérieures à la révolution.

La législation spéciale aux ventes de meubles à l'encan ne tranche pas par elle-même la difficulté ; elle parle des prisées et ventes de *tous biens meubles et effets mobiliers (passim) de quelque nature et espèces que soient lesdits meubles* (édit de février 1556). — Mais quelles choses sont meubles ? Les arbres et les récoltes sur pied vendus pour être coupés, sont-ils de ce nombre ? C'est ce que cette législation n'explique point.

Il fallait donc recourir au droit commun ; et le texte de l'art. 92 de la coutume de Paris eût d'abord paru contraire à la mobilisation.

« Art. 92. Bois coupé, foin fauché, supposé qu'ils
« soient encore sur le champ et non transportés, sont ré-
« putés meubles.

« Mais quand ils sont sur pied et pendants par racines
« ils sont réputés immeubles. »

Mais les auteurs et la jurisprudence avaient fixé le
vrai sens de cette dernière disposition.

D'après Ferrières, sur cet article, « elle doit avoir lieu
« quand le fonds et les fruits appartiennent à un même pro-
« priétaire; car il faudrait en dire autrement s'ils appar-
« tenaient à différentes personnes, comme si le proprié-
« taire du fonds avait vendu les fruits à un autre et que
« cet autre vînt à décéder avant la récolte de ces fruits ;
« ils ne laisseraient pas d'être partagés comme meubles
« entre ses héritiers ; — d'autant que, par le contrat, l'ac-
« quéreur n'a acheté qu'un droit sur les fruits à recueil-
« lir, ce qui ne peut aboutir qu'à la demande d'une
« chose mobilière, laquelle, par conséquent, doit être
« réputée telle. »

Pothier, *de la Communauté*, n° 70, et tous les auteurs
du temps, enseignaient à faire la même distinction que
l'on trouve aussi dans Merlin, *Répertoire*, v° Biens, § 1er,
n° 11, où on lit : « Il y a pourtant une différence à cet
« égard entre un propriétaire et un fermier. — Si le pro-
« priétaire meurt avant la récolte, l'héritier de ses im-
« meubles succède, comme cela est naturel, aux fruits
« qui se trouvent encore pendants par racines ; — Au lieu
« que ces fruits appartiennent à l'héritier mobilier du
« fermier qui n'a que le droit de recueillir des fruits
« sans pouvoir prétendre au fonds qui les a produits. »

5

La jurisprudence était constante à cet égard ; et par suite, elle autorisait formellement les huissiers ou les jurés-priseurs à faire la vente des arbres et récoltes pour être coupés.

Nous en avons déjà vu un exemple dans l'arrêt du conseil du 5 octobre 1728, cité par Bousquet, v° VENTES DE MEUBLES *par les huissiers et sergents*, p. 349.—M. le président de Fresquienne avait fait faire par *un sergent* la vente d'un bois de haute futaie, sis en Normandie, et le conseil d'Etat, non-seulement valida cette vente, mais l'exempta du droit proportionnel de contrôle qu'elle aurait eu à payer si elle eût été faite par un notaire.

M. Hébert, dans son rapport cité, page 856, relate en ces termes un autre arrêt du conseil portant la même date : « Sur la requête, etc., contenant que le sieur Lai-« gnel ayant fait procéder par *un huissier* à la vente de « quelques *bois de haute futaie*, il porta le procès-verbal « au bureau du contrôle pour y être contrôlé aux ex-« ploits ; mais le commis ayant prétendu qu'il était aussi « sujet au contrôle des actes parce qu'il contenait une « obligation de la part de l'adjudicataire du prix des « bois vendus, le sieur Laignel ne voulut point y con-« sentir, » etc.

Le roi, en son conseil, a ordonné « que les arrêts et rè-« glements concernant le contrôle des actes sous seing « privé seraient exécutés selon leur forme et teneur ; en « conséquence que les procès-verbaux de *ventes de meu-« bles* qui se font par les huissiers portant obligation par « les adjudicataires pour le paiement des choses adju-

« gées, ne pourront être assujettis au contrôle des actes
« sous seing privé que dans le cas où il s'agira de les pré-
« senter au juge, à l'effet de les rendre exécutoires con-
« tre les adjudicataires qui n'auront pas satisfait à leurs
« enchères... »

M. Hébert cite au même endroit « un acte de notoriété
« du Châtelet qui constate, à l'occasion d'un procès entre
« les jurés-priseurs-vendeurs et les notaires, que les
« premiers sont en possession de faire les prisées et ven-
« tes à l'encan des *grains ensemencés, arbres fruitiers et*
« *de pépinières, fouilles de carrières, foins et autres fruits*
« *pendants par racines,* » etc.

Il y rapporte encore « un arrêt du conseil rendu le
« 22 mars 1763 sur la même contestation (entre les jurés-
« priseurs-vendeurs et les huissiers), et qui, écartant la
« prétention des notaires,—maintient les jurés-priseurs-
« vendeurs dans le *droit exclusif* de faire les prisées et
« ventes de *tous biens meubles, même des foins, grains,*
« *fruits, arbres, terres ensemencées et de tous objets ré-*
« *putés mobiliers.* »

Il cite de plus, à la page 857, un autre arrêt du conseil
du 20 juin 1777, et deux arrêts du Parlement de Paris
des 30 juin et 2 août 1783, tous dans le même sens.

On trouve aussi dans le recueil de Sirey, 20. 1. 279,
l'indication de deux arrêts du conseil des 11 mai 1784
et 22 août 1786, — et de deux arrêts du Parlement de
Paris des 9 et 23 août 1783, comme ayant tous décidé
des questions plus ou moins analogues en faveur du privilége exclusif accordé aux jurés-priseurs, et notamment
l'arrêt du Parlement du 30 juin 1783 « qui, en ordon-

« nant l'exécution des édits et déclarations royaux sur
« les offices de jurés-priseurs, — défend à tous autres
« *que ces derniers de s'immiscer dans les opérations de*
« *prisées et de ventes de meubles,* FRUITS ET GRAINS SUR
« PIED *et objets réputés mobiliers.* »

M. Mourre (Sirey, 22. 1. 311), cite aussi un arrêt de
1781 qui ne se trouve point dans les recueils, mais qu'il
avait vérifié sur la minute dans les registres du Parlement
de Paris.

Il s'agissait d'une maison qu'un individu avait fait
bâtir sur un terrain dont il était locataire.

Un premier arrêt du 17 août 1781, rendu par défaut,
avait ordonné « la démolition et la vente des matériaux
« à la barre de la Cour, pour, sur les deniers en pro-
« venant, le propriétaire être payé en privilége et les
« autres créanciers opposants par contribution. »

Par autre arrêt, que M. Mourre date du lendemain
18 août, ce premier arrêt est rapporté ; — le Parlement
« ordonne d'abord que la bâtisse sera vendue sur pied ;
« —puis recevant les huissiers tiers opposants au précé-
« dent arrêt, ordonne que les édits et déclarations du
« roi des mois de mars 1713 et 18 juin 1758 seront exé-
« cutés selon leur forme et teneur ; — en conséquence,
« maintient et garde les huissiers-priseurs dans le *droit*
« *et possession* de faire *seuls* et à *l'exclusion de tous au-*
« *tres* les ventes et adjudications *des effets mobiliers de*
« *quelque nature qu'ils puissent être ;* ce faisant, ordonne
« que la vente et adjudication de la bâtisse sera faite par
« un huissier-priseur en la manière accoutumée, nou-
« velles affiches préalablement mises. »

Que les meubles pussent alors être vendus à la barre
de justice, c'est ce qui n'aurait pas lieu aujourd'hui ;
mais alors, pas plus qu'aujourd'hui, la justice ne pouvait
renvoyer devant un huissier la vente d'un objet immobilier : si donc on renvoya devant un huissier-priseur la
vente et adjudication *de la bâtisse*, c'est qu'on considéra
cette bâtisse comme mobilière au point de vue de la
vente qui en devait être faite, sous condition de la démolir ; et, en effet, l'arrêt commence par maintenir les
jurés-priseurs dans le droit et possession de faire seuls et
à l'exclusion de tous autres, les ventes et adjudications
des effets mobiliers de quelque nature qu'ils puissent être,
et c'est *en ce faisant* qu'il prononce le renvoi : ce n'est
donc pas parce qu'il s'agissait d'une vente ordonnée par
justice, mais de la vente d'un objet considéré comme
mobilier que ce renvoi a eu lieu devant un huissier-
priseur.

Nul doute donc sous la législation antérieure à la
révolution.

§ II. — Législation nouvelle jusqu'au Code civil.

Les lois de 1790 et de 1793 n'ont fait que transférer
aux notaires, greffiers et huissiers, les attributions des
ci-devant jurés-priseurs-vendeurs des meubles ; — ces
attributions sont passées entières aux subrogés, et les lois
antérieures ont continué à en régler l'étendue et l'exercice, comme l'ont constaté les arrêtés du Directoire éxé-
cutif des 12 fructidor an 4 et 27 nivôse an v.

Mais les lois des 22 frimaire an vii sur l'enregistrement

et 22 pluviôse an VII sur les formalités des ventes de meubles à l'encan ont imprimé la consécration législative à l'interprétation jusque-là donnée par la jurisprudence à la législation relative à ces sortes de ventes, en supposant que cette sanction législative ne résultât pas déjà des arrêts de l'ancien conseil d'Etat dont plusieurs étaient des arrêts de règlement.

On ne peut rien voir de plus explicite que ces deux lois sur la question qui nous occupe.

La première, par son art. 69, § 5, tarife au droit de deux francs pour cent francs :

« 1° Les adjudications, ventes, reventes..... et tous « autres actes, soit civils, soit judiciaires, translatifs de « propriété à titre onéreux,

« De meubles, *récoltes de l'année* SUR PIED, — COUPES *de bois taillis et de haute futaie,*

« Et AUTRES OBJETS MOBILIERS *généralement quelcon-* « *ques.* »

La deuxième porte :

« Art. 1er. A compter du jour de la publication de la « présente, les meubles, effets et marchandises, *bois,* « *fruits et récoltes,* et TOUS AUTRES OBJETS MOBILIERS, ne « pourront être vendus publiquement et par enchères « qu'en présence et par le ministère d'officiers publics « ayant qualité pour y procéder.

« Art. 2. Aucun officier public ne pourra procéder à « une vente publique et par enchères *d'objets mobiliers* « qu'il n'en ait préalablement fait la déclaration au bu- « reau de l'enregistrement dans l'arrondissement duquel « la vente aura lieu. »

Ces dispositions sont trop précises pour avoir besoin de commentaires.

§ III. — Dispositions du Code civil.

Les notaires argumentent surtout des articles 520 et 521 du Code civil, ainsi conçus :

« Art. 520. Les récoltes pendantes par racines et les « fruits des arbres non encore recueillis sont pareille-« ment immeubles.

« Dès que les grains sont coupés et les fruits détachés, « quoique non enlevés, ils sont meubles.

« Si une partie seulement de la récolte est coupée cette « partie seule est meuble. »

« Art. 521. Les coupes ordinaires des bois taillis « ou de futaies mises en coupes réglées, ne deviennent « meubles qu'au fur et à mesure que les arbres sont « abattus. »

Ces dispositions ne sont que la copie ou la traduction de l'art. 92 de la coutume de Paris : *reproduire* un texte n'est pas y *déroger*.

Ces articles comme celui de la coutume ne règlent que le cas où l'homme n'ayant point disposé des arbres et récoltes et ne les ayant point rendus l'objet d'une propriété distincte, il s'agit de savoir à qui ils doivent aller quand le fond qui les porte vient à changer de main ; et pour ce cas, restés simples accessoires du fonds, leur propriété suit celle du fonds dans ses mutations de main.—Voilà ce qu'on doit induire de la similitude de ces textes et du sens si précis attribué à celui de la coutume par la jurisprudence et la législation antérieure au Code civil.

C'est aussi dans cet esprit qu'ont été rédigés les art. 520 et 521 ;—les rédacteurs du Code s'en sont formellement expliqués.

M. Tronchet, lors de la discussion de l'art. 520 disait : « Cet article a *seulement* pour but d'établir une règle « *entre le propriétaire qui succède à un autre propriétaire* « *ou à un usufruitier* ;—c'est *uniquement pour ce cas* « qu'il déclare immeubles les fruits non encore re- « cueillis. »

M. Maleville, sur ces articles, rappelle les discussions auxquelles ils donnèrent lieu, et termine ainsi : « On « ajouta que lorsque les art. 520, 521 et autres de ce « titre disent que les fruits pendants, les animaux livrés « au colon, sont immeubles, cela signifie SEULEMENT *qu'ils* « *suivent les mêmes règles que l'immeuble dans le* TRANS- « PORT DE LA PROPRIÉTÉ, ou de l'usufruit de celui-ci. » —Il commence son commentaire sur l'art. 520, en di- sant que « cet article et presque tous ceux de ce titre « sont tirés du titre 3 de la coutume de Paris ou des « commentateurs de cette coutume et des arrêtés de « Lamoignon. »

C'est aussi ce que déclarait M. Régnier, alors grand- juge, ministre de la justice, dans une lettre du 11 prai- rial an 13, en réponse à une consultation à lui deman- dés par le ministre des finances.

« L'art. 520 du Code civil en déclarant immeubles les « fruits pendants par racines n'a fait que répéter ce qui « est dit dans les anciennes coutumes, notamment dans

« celle de Paris, art. 92, et il n'a d'autre objet que de dé-
« terminer à qui ces fruits doivent appartenir dans le cas
« de succession et autres semblables ; les observations
« consignées dans le procès-verbal contenant la discus-
« sion de ces articles du Code civil ne laissent aucun
« doute à cet égard.

« ..... La qualification d'immeubles donnée aux fruits
« pendants par racines doit donc être restreinte au cas de
« succession et autres semblables dont elle doit régler les
« effets. »

Les rédacteurs des art. 520 et 521 n'ont donc pas entendu innover, ils ont voulu se conformer à l'art. 92 de
la coutume de Paris et à l'interprétation qu'il avait reçue :
—Ils ont voulu régler le sort des arbres et récoltes quand
le sol qui les porte change de main ; c'était là leur but
unique ;—mais qu'importent ces mutations du sol quand
les arbres et les récoltes sont devenues des propriétés dis-
tinctes ?

Les auteurs qui ont écrit sous le Code civil sont una-
nimes sur ces principes et sur leur application.

Toullier, tome 3, n° 10, nous dit : « La distinction des
« biens en meubles et en immeubles était plus importante
« sous notre ancienne législation que sous la nouvelle.
« La succession des meubles et celle des immeubles n'é-
« taient pas régies par les mêmes lois ; la manière de les
« partager était différente, et souvent les héritiers aux
« meubles n'étaient pas héritiers aux immeubles. »

« Les immeubles étaient soumis au douaire ou au re-
« trait lignager, aux réserves coutumières, les meubles
« ne l'étaient pas.

« Il est cependant encore très important aujour-
« d'hui de distinguer les meubles des immeubles.
« —Les meubles qui appartiennent aux conjoints au
« moment de leur mariage et ceux qu'ils acquièrent de-
« puis par succession, entrent dans la communauté con-
« jugale, les immeubles n'y entrent pas.

« Les immeubles sont susceptibles d'hypothèques, les
« meubles ne le sont pas, ils ne sont susceptibles que
« du gage ou du nantissement ; les saisies des meubles et
« celles des immeubles sont assujetties à des règles dif-
« férentes.

« Il arrive souvent qu'une personne lègue tous ses
« meubles et pour connaître l'étendue du legs, il faut
« savoir ce qui est compris sous cette expression. »

« Enfin, dans le transport de la propriété ou de l'u-
« sufruit d'un héritage ou d'une maison, il faut savoir
« quels sont les meubles qui doivent y rester attachés
« et qui suivent le transport du fonds comme en faisant
« partie. »

« *C'est pour nous guider dans la décision des ques-*
« *tions particulières que présentent ces différents cas,*
« qu'est établie la distinction des meubles et des immeu-
« bles. »

Le même auteur ajoute, n° 12, « ... Il faut remarquer
« que les fruits ou les récoltes ne sont censés *en faire*
« *partie* et *réputés immeubles*, que lorsqu'ils sont com-
« pris dans le *transport de la propriété* ou de *l'usufruit*
« de ce fonds, ou dans la *saisie d'un corps immobilier*
« *dont ils font partie.* —Mais rien ne s'oppose à ce qu'ils
« soient vendus sans fraude ou saisis à part et indépen-

« damment du fonds même,—et la vente seule des fruis
« n'est pas sujette à transcription. »

M. Proudhon, du *Domaine privé,* tome 1ᵉʳ, n'est pas
moins explicite : « ...... Mais il faut observer, dit-il
« nº 92, que si les fruits sont censés faire partie du sol
« tant qu'ils sont pendants par les racines, néanmoins ils
« ne sont pas comparables à toute autre portion du
« fonds, *parce qu'ils ne naissent que pour être détachés*
« *lors de la récolte : s'ils sont immeubles,* ILS NE LE SONT
« QUE TRANSITOIREMENT, puisqu'ils sont *destinés* PAR LA
« NATURE *à être* mobilisés *dès l'instant où ils auront ac-*
« *quis leur maturité.*— Ainsi, en les envisageant *dans la*
« *fin pour laquelle la nature* les produit, ils sont meu-
« bles.—C'est pourquoi *ils n'ont la qualité d'immeubles*
« *que lorsqu'il s'agit de la disposition du fonds* auquel *ils*
« *se trouvent adhérents,* et dont *ils suivent la condition*
« *comme en étant les accessoires naturels.*

« Mais dans les dispositions de *l'homme* ou de la loi *qui*
« *ont seulement les fruits pour objet direct,* ils n'ont que
« la nature de meubles.— Qu'un homme, par exemple,
« vende ses récoltes pendantes par racines sur son héri-
« tage, il n'aura fait qu'une vente purement mobilière,
« puisque l'acquéreur ne pourra être nanti de la chose
« vendue qu'après qu'elle aura été détachée du sol et
« mobilisée, de sorte qu'il n'y aura pour lui que la tra-
« dition d'objets mobiliers. »

Ce qu'il dit des fruits, il le dit aussi des bois :

« Lorsqu'il n'est question *que des bois, abstraction*
« *faite du sol* (nº 96 *fine*), alors ils n'ont plus que la
« nature de meubles.

« N° 97. Ainsi la vente d'une coupe de bois, comme
« celle d'une récolte ordinaire, n'est qu'une vente mo-
« bilière, parce que le bois vendu ne pouvant passer au
« pouvoir de l'acquéreur que par l'exploitation qui en
« doit être faite, son action en délivrance ne tend qu'à
« l'obtention d'une chose mobilière.

« Cette négociation ne sera donc soumise qu'aux règles
« établies sur les ventes de meubles et sur les droits mo-
« biliers ; elle sera en conséquence hors de toute atteinte
« pour cause de lésion ; — elle ne sera assujettie qu'au
« droit d'enregistrement établi pour les aliénations mo-
« bilières ; — les droits en résultant pour l'acquéreur
« tomberont en communauté comme mobiliers, s'il vient
« à se marier même avant l'exploitation. »

MM. Merlin, *Répertoire*, v° *Hypothèques*, n° 3 ;—Trop-
long, *Hypothèques*, tome 2, n° 404, tome 3, n°ˢ 777 et
834 ; — Championnière et Rigaud, tome 4, n°ˢ 3168,
3186 et 3187, enseignent la même doctrine ; — ou plutôt, nous le répétons, c'est celle de tous ceux qui ont
écrit depuis le Code, comme de ceux qui ont écrit auparavant.

A ces autorités vient se joindre l'autorité imposante
de la Cour de Cassation, qui, depuis l'apparition du
Code civil jusqu'en 1820, a constamment jugé que les
ventes d'arbres et récoltes, pour être détachés du sol,
continuaient à constituer des ventes mobilières, comme
sous la coutume de Paris.— C'est ce qu'attestent les arrêts des :

19 vendémaire an 14, cassation, Colmar, Sirey.
6.1.65.

26 janvier 1808, rejet, Bourges, Sirey.9.1.65.

23 janvier 1809, rejet, Castres, Dalloz alph., t. 7, p. 213.

25 février 1812, rejet, Besançon, Sirey.15.1.180.

5 octobre 1813, cassation, Lyon, Sirey.13.1.465.

24 mai 1815, rejet, Rouen, Sirey.15.1.335.

29 mars 1816, rejet, tribunal de Paris, Sirey.17.1.7.

C'est ce qu'établit encore l'arrêt du 8 mars 1820 (Sirey.20.1.277), que nous transcrivons ici à cause de son importance :

« La Cour, vu les art. 1ᵉʳ de la loi du 27 ventôse « an 9 ; — 89 de la loi du 28 avril 1816 et 520 du Code « civil ;

« Considérant que l'art. 520 du Code civil est conçu « dans les mêmes termes que l'art. 92 de la coutume de « Paris, lequel réputait immeubles les bois sur pied, les « récoltes pendantes par les racines et les fruits attachés « aux arbres ; — que la *jurisprudence la plus uniforme* « et *l'opinion unanime* des jurisconsultes avaient restreint « l'application de ces dispositions *au seul cas* où il s'a- « gissait de régler les droits des *propriétaires*, des *usu-* « *fruitiers*, ou des héritiers entre eux ;

« Considérant que ledit art. 520 ne s'oppose pas à ce « que *dans tous les autres cas que ceux où il s'agit de la* « *propriété du fonds*, — les *récoltes, fruits et bois pen-* « *dants par les racines et destinés à être séparés du fonds*, « — soient considérés comme meubles et effets mobi- « liers ;

« Considérant que la vente de ces récoltes, fruits et « bois, sans que le fonds fasse partie de la vente, n'a *évi-*

« *demment* pour objet que des choses *qui doivent être*
séparées du fonds et devenir mobilières. »

« Considérant que plusieurs lois, et notamment le
« Code de procédure, art. 626 et autres, disposent que
« les récoltes et fruits pendants par les racines peuvent
« être mobilièrement saisis, et que les deniers provenus
« de la vente sont distribués par contribution.

« Considérant enfin que l'art. 1er de la loi du 27 ven-
« tôse an 9 et l'art. 89 de la loi du 28 avril 1816, attri-
« buent aux commissaires-priseurs le droit de procéder
« exclusivement dans le lieu de leur établissement, aux
« ventes publiques aux enchères de tous meubles et ef-
« fets mobiliers ; — d'où il suit qu'en jugeant que les de-
« mandeurs (les commissaires-priseurs), n'étaient pas
« fondés à réclamer le droit de vendre les récoltes dont
« il s'agit, la Cour royale de Douai a fait une fausse ap-
« plication de la première disposition de l'art. 520 du
« Code civil ; — violé la seconde disposition du même ar-
« ticle, ainsi que l'art. 1er de la loi du 27 ventôse an 9
« et l'art. 89 de la loi du 28 avril 1816 ; — Casse, » etc.

Avant de passer à la jurisprudence contraire, et pour
la mieux apprécier, nous appellerons l'attention sur divers autres articles du Code civil dont on ne nous paraît pas s'être suffisamment occupé dans les discussions
qui ont eu lieu devant les tribunaux.

L'art. 527 nous dit : «Les biens sont meubles par leur
« nature ou *par la détermination de la loi.* » Cette détermination a un tel effet que les actions ou intérêts
dans des sociétés de finances, de commerce ou d'indu-
strie, sont déclarés meubles encore bien que des immeu-

bles dépendants de ces entreprises appartiennent à ces compagnies (art. 529).

Cet article 527 ne dit pas d'ailleurs par la détermination du Code civil, mais par la détermination de LA LOI. —Or, les lois des 22 frimaire et 22 pluviôse an 7 sont des lois subsistantes, et elles rangent expressément les *ventes de récoltes sur pied* et de *coupes de bois taillis* ou de *haute futaie* parmi les ventes *d'objets mobiliers*. — Il suffit de se reporter aux extraits que nous en avons déjà donnés.

L'art. 74 de la loi du 15 mai 1818, sur le budget, rappelle et confirme encore la qualité mobilière des objets mentionnés dans l'art, 69, § 5, de la loi du 22 frimaire an 7, il porte : « Le droit d'enregistrement des « ventes d'objets mobiliers, fixé à 2 p. 100 par l'art. 69 « de la loi du 22 frimaire an 7, est réduit à 50 centimes « p. 100 pour les ventes publiques de marchandises... »

On a essayé d'expliquer la loi du 22 frimaire en disant que si elle tarife comme mobilière la vente de ces produits, c'est que le droit à payer est dû par l'acheteur au respect duquel ces objets sont devenus meubles par l'effet de la vente ; mais que dans la main du vendeur ils étaient immeubles et n'ont pu être vendus par lui que tels qu'il les possédait.

Mais comment adaptera-t-on cette explication aux dispositions de la loi du 22 pluviôse? N'est-ce pas *au vendeur* lui-même que cette loi fait défenses de vendre ou faire vendre *les arbres, les récoltes* sur pied et tous autres effets mobiliers, autrement que par un officier public? N'est-ce pas *avant la vente* qu'elle prescrit à cet officier public d'en passer déclaration à l'enregistrement comme d'objets mobiliers?

Ces dispositions n'ont rien d'hétéroclite; le Code civil lui-même nous en indique l'esprit et les motifs dans plus d'un article.

« Suivant l'art. 1130, les choses futures peuvent être « l'objet d'une convention. »

Or, les arbres et les récoltes sur pied ne doivent-ils pas être meubles un jour; ils ne naissent que pour cela; c'est en les coupant et les mobilisant qu'on les utilise conformément à leur destination naturelle.

Ils peuvent donc devenir l'objet d'une vente en leur qualité de meubles futurs.

Or, c'est bien sous cette qualité qu'ils deviennent l'objet du contrat quand ils sont vendus pour être coupés et enlevés.

Une pareille vente ne peut donc être que mobilière.

Suivant l'art. 1127 : « *Le simple usage* ou *la simple* « *possession* d'une chose peuvent être *comme la chose* « *même,* l'objet du contrat.

Les art. 1218 et 1220 expriment la même idée avec plus de latitude et de justesse peut-être.

« Art. 1218. L'obligation est indivisible, quoique la « chose qui en est l'objet soit divisible *par sa nature, si* « *le rapport sous lequel elle est considérée dans l'obliga-* « *tion* ne la rend pas susceptible d'exécution partielle. »

« Art. 1220. Le principe établi dans l'article précé- « dent (les effets de la divisibilité entre les héritiers), « reçoit exception à l'égard des héritiers du débiteur.

« 1°....

« 5° Lorsqu'il résulte, soit de la nature de l'engage-
« ment, soit de la chose qui en est l'objet,—soit DE LA
. « FIN *qu'on s'est proposée dans le contrat,* que *l'inten-*
« *tion des contractants* a été que la dette ne pût s'ac-
« quitter partiellement. »

Il ne faut donc pas s'arrêter à ce que la chose dont il
est question dans la vente peut être en elle-même, à ce
qu'elle pouvait être dans la main de celui qui la possédait avant la vente; il faut s'attacher *au point de vue sous
lequel les parties l'ont considérée dans le contrat,* à *la fin*
qu'elles se sont proposée en contractant; c'est à ce point
de vue seulement que la chose est devenue l'objet du
contrat, et c'est à ce point de vue qu'elle en détermine
le caractère.

Si le vendeur ne pouvait traiter d'un objet que tel
qu'il le possède lui-même, il faudrait donc dire que le
propriétaire d'un immeuble ne pourrait céder sur cet
héritage, ni usufruit, ni servitude, ni hypothèque, car
il ne possède sur son héritage ni usufruit, ni servitude,
ni hypothèque : *Res sua nemini servit, jure servitutis.*

Une pareille conséquence démontre le faux du principe d'où elle découle.

Les deux cas suivants vont, à leur tour, rendre sensible l'influence du point de vue que les parties se sont
proposé dans le contrat.

L'acheteur d'un bois ou des arbres d'une avenue les a
acquis pour les conserver sur pied comme coup d'œil ou
ornement de son habitation voisine ; ce bois ou ces arbres restent immeubles nonobstant la vente.

Au contraire, il les a achetés pour les abattre et les en-

6

lever ; les notaires eux-mêmes conviennent que cette destination les mobilise par rapport à lui, et ils en donnent pour raison que son action ne doit aboutir qu'à se faire autoriser à couper et à enlever ce bois ou ces arbres qui, par cette coupe, deviennent mobiliers.

Mais le vendeur ne les a-t-il pas aussi vendus pour qu'ils fussent coupés et enlevés, et en cas d'inexécution de cette condition, son action à lui-même, à part la question de paiement, ne doit-elle pas aboutir à faire condamner son adversaire à couper et enlever ces objets?

C'est donc bien au point de vue de leur mobilisation qu'ils sont devenus l'objet du contrat d'une part comme de l'autre ; c'est comme meubles futurs qu'ils ont été vendus et achetés, et, par conséquent, la vente ne peut être que mobilière aussi bien que l'achat.

Les dispositions de la loi du 22 pluviôse an 7 sont donc en parfaite harmonie avec celles du Code civil et avec les vrais principes du droit.

Les notaires n'ont pas fait attention que si le Code eût déclaré ces ventes non mobilières pour les huissiers, elles seraient en même temps devenues non mobilières pour eux. Si le vendeur ne pouvait plus vendre que comme immeubles ses arbres et récoltes sur pied, la disposition de la loi du 22 pluviôse an 7 qui l'assujettissait à recourir à un officier public pour faire procéder à la vente de ces objets considérés comme mobiliers, cesserait par cela même de lui être applicable ; il pourrait donc ouvrir lui-même des enchères devant un public assemblé, et faire personnellement la vente comme le peut tout propriétaire d'un immeuble quand il est maître de ses

droits : — Si ces bois et récoltes appartenaient à des mineurs ou interdits, la vente n'en pourrait plus avoir
lieu qu'en vertu d'un avis de parents, homologué par la
justice et pour causes graves ; la vente devrait s'en faire à
la barre de la justice, ou tout au moins devant un notaire
commis par elle et non plus choisi par les parties :—Elle
devrait s'en faire à la bougie, et le notaire ne la ferait
plus *lui-même*, elle se ferait *devant lui ;* il n'en pourrait
toucher les deniers ; il n'aurait nulle déclaration préalable à en passer à l'enregistrement.

Et cependant la Cour de cassation exige cette déclaration préalable. « Les dispositions des art. 1 et 2 de la loi
« du 22 pluviôse an vii, ne permettent pas de douter
« que les ventes publiques et sur enchères de bois, soit
« taillis, soit de haute futaie, ne peuvent être faites que
« par un officier public ayant caractère pour y procé-
« der, et après avoir fait la déclaration préalable au bu-
« reau de l'enregistrement. » (Arrêt du 23 janvier 1809,
Dalloz alph., t. VII, p. 213.)

Les notaires ne manquent jamais non plus de faire
cette déclaration ; ils font ces ventes sur la simple réquisition des parties et sans bougie ; ils les font eux-mêmes,
ils en reçoivent le prix ; ils reconnaissent donc que les
lois sur les ventes mobilières, en vertu desquelles seules
ils peuvent procéder de la sorte, ont continué d'être applicables aux ventes qui nous occupent ; — et si elles
sont applicables pour eux, comment ne le seraient-elles
pas pour leurs concurrents ?

Si le vendeur ne pouvait plus aliéner ces objets que
comme immeubles, il aurait donc l'action en rescision

6.

pour cause de lésion de plus des sept douzièmes (art.
1674 du Code civil) ; — il ne pourrait donc plus après
l'an, agir en augmentation de prix pour cause d'erreur
de plus d'un vingtième dans la contenance déclarée (art.
1617 à 1622). — Le prix de ces ventes devrait donc être
distribué par ordre d'hypothèques, le cas échéant.

Disons-le donc avec conviction, le système des no-
naires n'est pas seulement en contradiction avec lui-
même et avec leur conduite, il est le renversement de
toutes les lois et de tous les principes.

Aussi la Cour de cassation l'a-t-elle longtemps condamné.

Nous allons voir que c'est sans motifs suffisants qu'elle
a abandonné cette jurisprudence.

Son premier arrêt contraire est du 1er juin 1822
(Sirey, 22.1.308). Il est rendu au sujet des commissaires-priseurs.

M. Mourre, alors procureur général et promoteur de
ce changement, n'alla pas jusqu'à prétendre que les
arbres et récoltes mis en vente pour être coupés, n'é-
taient point réputés meubles ; il reconnut, au contraire,
qu'ils avaient toujours été et qu'ils devaient continuer à
être réputés tels ; il soutint seulement que les concurrents des notaires ne pouvaient vendre toutes espèces de
meubles, notamment les meubles incorporels, tels que
les rentes et créances, ou les actions dans les compagnies.
— Qu'il en devait être de même des ventes d'arbres et
récoltes sur pied, parce qu'il échet d'ordinaire d'y stipuler des délais et des sûretés ; — Que ces concurrents
des notaires ne sont pas aptes à dresser un cahier des

charges ou des procès-verbaux probants, etc., etc.; — Que les lois sur les ventes mobilières ne disent pas *tous meubles* et effets mobiliers; — Mais bien seulement *les meubles et effets mobiliers;* — Qu'elles se servent des mots *exposition* et *vente,* et que le mot *exposition explique tout;* et qu'enfin l'arrêt le plus favorable à ces concurrents, et que comme tel il citait seul, celui du 18 août 1781, n'avait trait qu'à une vente judiciaire.

Nous nous bornerons à faire remarquer qu'il ne s'agit point dans la question débattue de meubles incorporels, qu'il ne faut pas chercher des assimilations forcées quand les arbres et récoltes, sur pied, sont nommément rangés parmi les meubles que la loi du 22 pluviôse an VII interdit aux propriétaires de vendre, autrement que par les officiers publics ayant caractère pour procéder aux ventes mobilières, et quand il est prouvé qu'auparavant la vente de ces objets avait constamment été attribuée aux jurés-priseurs, aux fonctions desquels il n'y a eu que subrogation concurrente.

Nous ne répéterons pas ce que nous avons dit de la foi due et attribuée aux procès-verbaux des concurrents des notaires, et des ventes à crédit qui sont plutôt réductives qu'extensives du pouvoir de l'officier qui y procède. — Quant aux locutions dont M. Mourre se préoccupait tant, il avait mal lu pour la première, car toutes les lois sur les ventes mobilières parlent de TOUS *biens meubles et effets mobiliers;*—de *tous effets mobiliers de quelque nature ou espèce qu'ils soient* (édit de février 1556); — et quant au mot *exposition,* qui doit tout expliquer, il n'empêche pas de vendre sur simple échantillon (arrêt de 1778), et la *montrée* des bois et récoltes sur pied n'est pas moins une exposition que celle des arbres et récoltes coupés et gisants sur place, et une exposition bien plus complète que celle des récoltes engrangées.

L'arrêt de 1781 avait trait à la vente d'une maison à démolir et non pas seulement à la vente d'arbres et récoltes que la nature a destinés à devenir meubles et qui ne peuvent naturellement être utilisés que par là : ce n'était pas d'ailleurs parce que la vente était judiciaire ou ordonnée par justice, mais parce qu'elle était mobilière, que le Parlement la renvoyait à un huissier : — L'arrêt le dit en termes formels ; et s'il fut un temps où la justice retenait à sa barre les ventes de meubles, comme le dit M. Mourre, à quelle époque les ventes d'immeubles ont-elles été renvoyées aux huissiers ?

C'est trop insister sur des objections auxquelles nos observations précédentes répondaient d'avance ; elles ne furent d'ailleurs pas accueillies par la Cour suprême qu'elles ébranlèrent peut-être, mais qui se décida par d'autres motifs toujours reproduits sans variantes sensibles et avec peu d'additions, dans ses arrêts postérieurs, dont le dernier et le plus complet est celui du 30 mai 1842 (Sirey, 42.1.522).

Voici ses motifs :

« Attendu que les attributions des officiers publics ne « sauraient être réglées que par les dispositions des lois « existantes. »

Rien de plus incontestable que ce principe ; mais il reste à vérifier quelles sont les lois existantes et dans quel sens on doit les entendre.

« Attendu que les décrets des 21-26 juillet 1790, du
« 19 septembre 1793 et du 14 juin 1813, n'autorisent
« les huissiers, concurremment avec les notaires et gref-
« fiers, qu'à faire la vente des meubles et effets mobi-
« liers. »

Les décrets cités n'abrogent point les lois antérieures,
ils répartissent seulement, entre d'autres classes d'officiers, des fonctions autrefois créées pour une classe unique ; mais ces fonctions, en changeant de main, conti-
nuèrent à rester soumises dans leur nature et leur exercice aux lois et règlements antérieurs, témoins les arrêtés
du Directoire de l'an IV et de l'an V, et l'ordonnance réglementaire de 1816. — Les lois de l'an VII et de 1818
sur l'enregistrement, celle du 22 pluviôse an VII *sur les
ventes d'arbres et récoltes sur pied et tous autres objets
mobiliers*, sont bien aussi des lois subsistantes et déci-
sives.

« Attendu que d'après les définitions que donne le
« Code civil, on ne doit entendre par ces mots : *meubles
« et effets mobiliers*, que les choses qui sont meubles de
« leur nature ou par la détermination de la loi, *avant la
« vente* ou *au moment de la vente*, et non ceux qui se-
« raient mobilisés ou ameublis par l'*effet* de la vente
« elle-même.

« Attendu qu'aux termes de l'art. 520 du même Code,
« les récoltes et fruits pendants par racines et branches
« sont déclarés immeubles. »

Quant à l'art. 520, nous avons expliqué son but et sa
portée.

Quant aux définitions, nous les respectons, sans les

croire jamais absolues ou infaillibles : — mais comment n'a-t-on pas remarqué qu'en tête des définitions des effets mobiliers données par le Code civil, se trouvait l'art. 527 ; — et que par lui on arrive aux lois de l'an VII et de 1818 qui rangent textuellement dans la classe des meubles les arbres et récoltes sur pied, vendus pour être coupés.

Sans doute en eux-mêmes, et indépendamment de la vente, ces objets ne sont meubles ni *avant le contrat* ni au *moment du contrat*, mais ils le sont *au point de vue du contrat ;* ils ne sont vendus et achetés que comme *meubles futurs ;* ce n'est qu'à ce point de vue qu'ils deviennent l'*objet* de la vente comme de l'achat (art. 1127, 1130, 1218 et 1220 du Code civil).

C'est violer ces articles , c'est violer l'art. 527 du même Code et la loi du 22 pluviôse an VII, que de renvoyer la mobilisation *aux suites* et à l'*effet* de la vente ; — le contrat est *un* et la chose dont il y est question en devient l'*objet*, non point selon ce qu'elle peut être en soi (art. 1127), mais au point de vue seulement sous lequel *elle est considérée dans le contrat* (art. 1218) au point de vue *de la fin* que se sont proposée les contractants (art. 1220).

Cette mobilisation *par suite* nous jetterait dans une nouvelle et évidente contradiction ; — si l'acheteur d'arbres et récoltes pour être coupés n'achète que des effets mobiliers, il les pourra donc revendre comme meubles, il ne pourra même les revendre que comme tels ; — il pourra donc , le jour même, s'adresser *à qui bon lui semblera* parmi les officiers ayant caractère pour procéder aux ventes mobilières, et l'huissier, incompétent pour la vente, deviendra compétent pour la revente, sans que les choses vendues et à revendre aient subi la moindre modification en elles-mêmes.

« Attendu que si par l'effet de la saisie-brandon, les « fruits et récoltes se trouvent rangés parmi les choses « mobilières qui peuvent être vendues par les huissiers, « c'est qu'en ce point, les dispositions spéciales du Code « de procédure considèrent ces fruits *comme mobilisés* « *avant la vente par l'effet de la saisie* qui les a frappés ; « — mais que, hors ce cas, *aucune disposition de loi* ne « permet de donner à ces fruits et récoltes une autre « qualification que celle qui résulte des termes formels « du Code civil. »

On suppose ici à la saisie-brandon un effet qu'elle n'a pas : la saisie ne change rien à la nature des objets saisis , elle n'en déplace pas la propriété, elle empêche seulement le propriétaire d'en disposer au préjudice de ses créanciers.

Telle est la règle, et elle est si bien applicable à la saisie-brandon que si le saisi était un usufruitier et qu'il vînt à mourir avant la coupe, les récoltes saisies passeraient au nu propriétaire avec le fonds qui les porte : il y a mieux ; si le saisi était propriétaire du sol et qu'il mourût laissant un légataire aux meubles et un légataire aux immeubles , les récoltes saisies et non coupées seraient dévolues à ce dernier.

La saisie-brandon étant une saisie mobilière, suppose que l'objet qu'elle vient frapper était déjà mobilier : — elle est l'effet et non pas la cause de cette mobilisation qui, du reste, n'est pas absolue et intrinsèque ; elle est seulement civile et *au point de vue de la saisie*. Les récoltes sont saisies comme *meubles futurs*, comme *devant être meubles sous peu ;* car c'est ceci qui les distingue des bois et arbres qui n'ont point d'époque fixe de maturité après laquelle ils dussent se perdre si on ne les séparait pas du sol ; — le propriétaire peut avoir des raisons de ne pas couper ces bois de sitôt, et ses créanciers ne peuvent pas plus les vendre séparément du fonds, qu'ils ne pourraient, malgré leur débiteur, vendre sa maison pour la démolir, ou vendre des pierres à extraire d'une carrière ; pas plus qu'ils ne pourraient grever son bien d'un usufruit ou d'une servitude : — mais les récoltes annuelles ont une époque de maturité qu'on peut prévoir et après laquelle elles se perdraient si on ne les avait approfitées en temps opportun. — Il était donc juste que la loi autorisât les créanciers à sauver cette partie de leur gage, en les autorisant à agir en temps convenable.

Mais on le répète, ici comme au cas de la vente volontaire, les fruits pendants ne sont meubles *qu'au point de vue* de la saisie, et ils ne sont saisis que comme *meubles futurs*.

Au lieu de constituer une exception isolée et pour le seul cas de la saisie-brandon, cette mobilisation est au contraire l'application des principes généraux exprimés dans les art. 1127, 1130, 1218 et 1220 du Code civil, principes que l'art. 527 du même Code, joint aux lois de l'an vii et de 1818, applique nommément à toutes ventes de coupes d'arbres et de récoltes sur pied. — L'art. 520

du Code civil, où la Cour paraît vouloir que l'on puise exclusivement la qualification des fruits et des récoltes est sans aucune application à ces divers points de vue.

« Et attendu, dès lors, que ces fruits et récoltes ne sau-
« raient être rangés parmi les meubles et effets mobi-
« liers ;—Que, par suite, les huissiers, d'après les lois de
« leur institution, ne sont point autorisés à les vendre
« aux enchères publiques au comptant, concurremment
« avec les notaires. »

Les prémisses étant inexactes, les déductions devaient l'être. — Ce n'est point d'ailleurs dans les lois de leur institution que les huissiers prétendent trouver le droit de procéder aux ventes de récoltes, c'est dans les lois sur les ventes mobilières à l'encan. —Il n'en est pas autre-ment des notaires, et si les ventes de récoltes avaient cessé d'être soumises à cette dernière législation et à la con-currence qu'elle établit, elles auraient cessé par cela même de pouvoir être faites par les notaires ; elles pour-raient tout au plus être faites devant eux soit par des parties capables soit après renvoi et délégation de la part des tribunaux comme en matière immobilière ;

« Attendu qu'en jugeant le contraire, l'arrêt attaqué
« a violé les art. 520 et 521 du Code civil, les décrets
« des 26 juillet 1790, 17 septembre 1793 et 14 juin
« 1813. »

En jugeant le contraire, l'arrêt attaqué avait contenu dans leur sphère les art. 520 et 521 :—Il avait sainement appliqué les décrets de 1790, 1793 et 1813, aussi bien que les lois des 22 frimaire et 22 pluviôse an VII et les art. 527, 1127, 1130, 1218 et 1220 du Code civil.

Nous avons donc lieu d'espérer que la Cour de cassation ne persistera pas dans cette dernière jurisprudence;
elle reconnaîtra que dans les ventes de meubles à l'encan,
l'instrumentaire ne se borne pas à *constater* la vente,
qu'il la fait lui-même; — Que cette mission dépasse les
attributions ordinaires des notaires, plus encore que
celles des huissiers ; — Qu'elle n'a été confiée aux notaires que par les mêmes lois qui l'ont confiée concurremment aux huissiers et aux greffiers ; — Que cette
attribution est générale et comprend les ventes à crédit
comme les ventes au comptant; — Que les ventes au
comptant peuvent avoir des suites aussi bien que les
ventes à crédit, et nécessiter le recours au procès-verbal
dont la loi exige la rédaction pour les unes comme pour
les autres, procès-verbal auquel les lois particulières
aussi bien que le Code civil accordent l'authenticité et
rien que l'authenticité, de quelque fonctionnaire qu'il
émane; que ces ventes à crédit sont restrictives plutôt
qu'extensives des fonctions de l'instrumentaire; —Qu'il
n'y avait donc aucune raison pour les placer en dehors
de la législation sur les ventes de meubles à l'encan; et
que si les huissiers n'avaient pas le droit de les faire, en
vertu de cette législation, les notaires ne l'auraient pas
davantage.

La Cour reconnaîtra encore, qu'il en est de même
pour les ventes d'arbres et récoltes sur pied ; que si ces
objets n'étaient pas vendus comme meubles, les notaires
n'auraient pas le droit de les *vendre* sur la réquisition
des parties ; — Que ces objets pourraient seulement *être
vendus* DEVANT EUX, soit par des parties capables, soit
par suite de délégation de justice.

Que si ces objets ne sont pas meubles, EN EUX-MÊMES, avant la vente et au moment de la vente, ils sont meubles au *point de vue de la vente* (art. 1127, 1218, 1220, Code civil) ; — Que c'est seulement comme meubles et comme meubles futurs qu'ils deviennent l'*objet* de la vente, aussi bien que de l'achat (art. 1127 et 1130, Code civil) ; — *Qu'au point de vue de cette vente*, ce ne sont ni l'art. 520, ni l'art. 521 du Code civil qui font la règle et qu'il faut consulter, mais bien les autres articles que nous venons de citer, et spécialement l'art. 527, joint aux lois de l'an VII et de 1818, qui placent expressément la vente de ces objets au rang des ventes mobilières.

TABLE.

⸻

PREMIÈRE PARTIE.

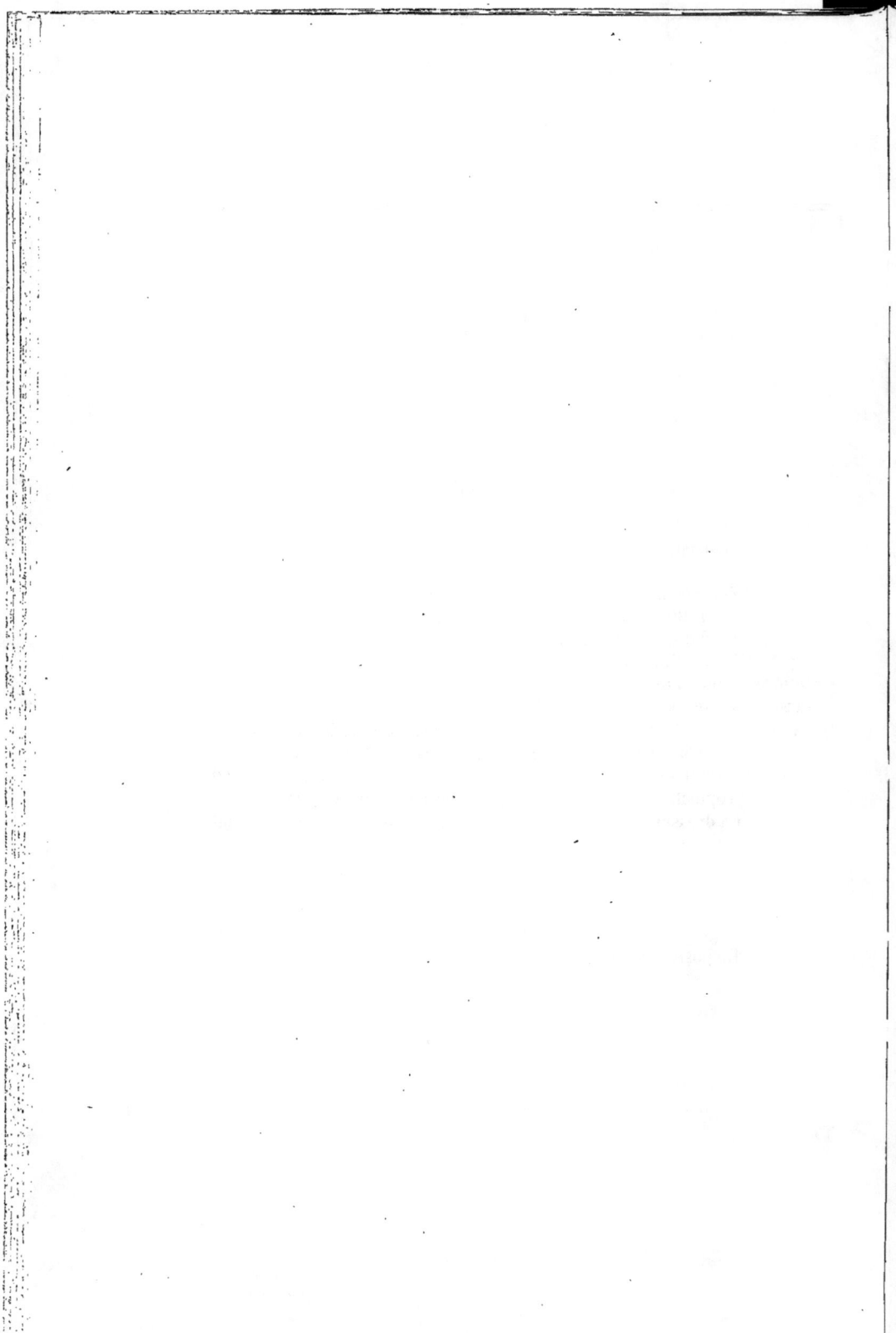

TABLE ANALYTIQUE.

DEUXIÈME PARTIE.

FIN DE LA TABLE.

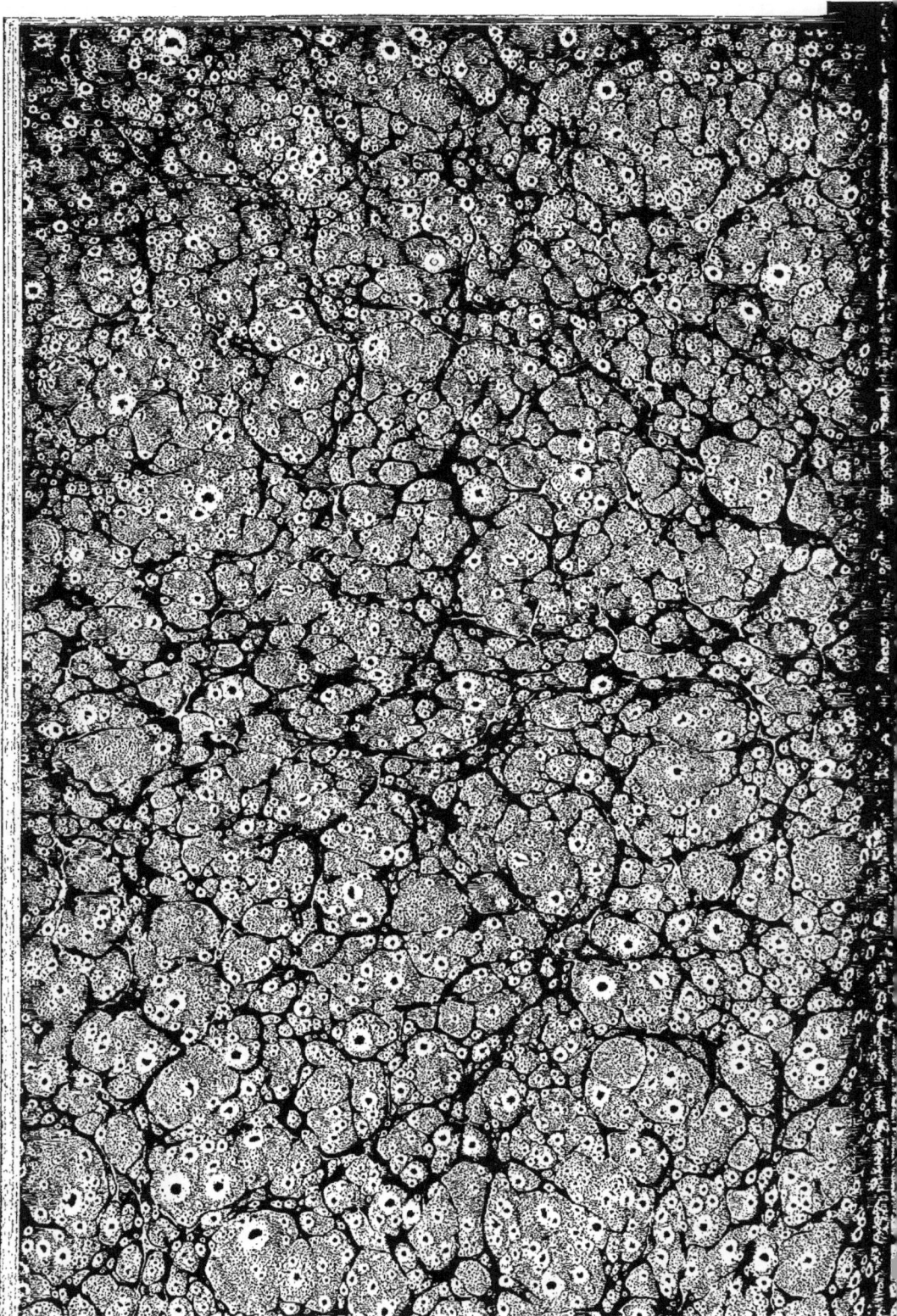

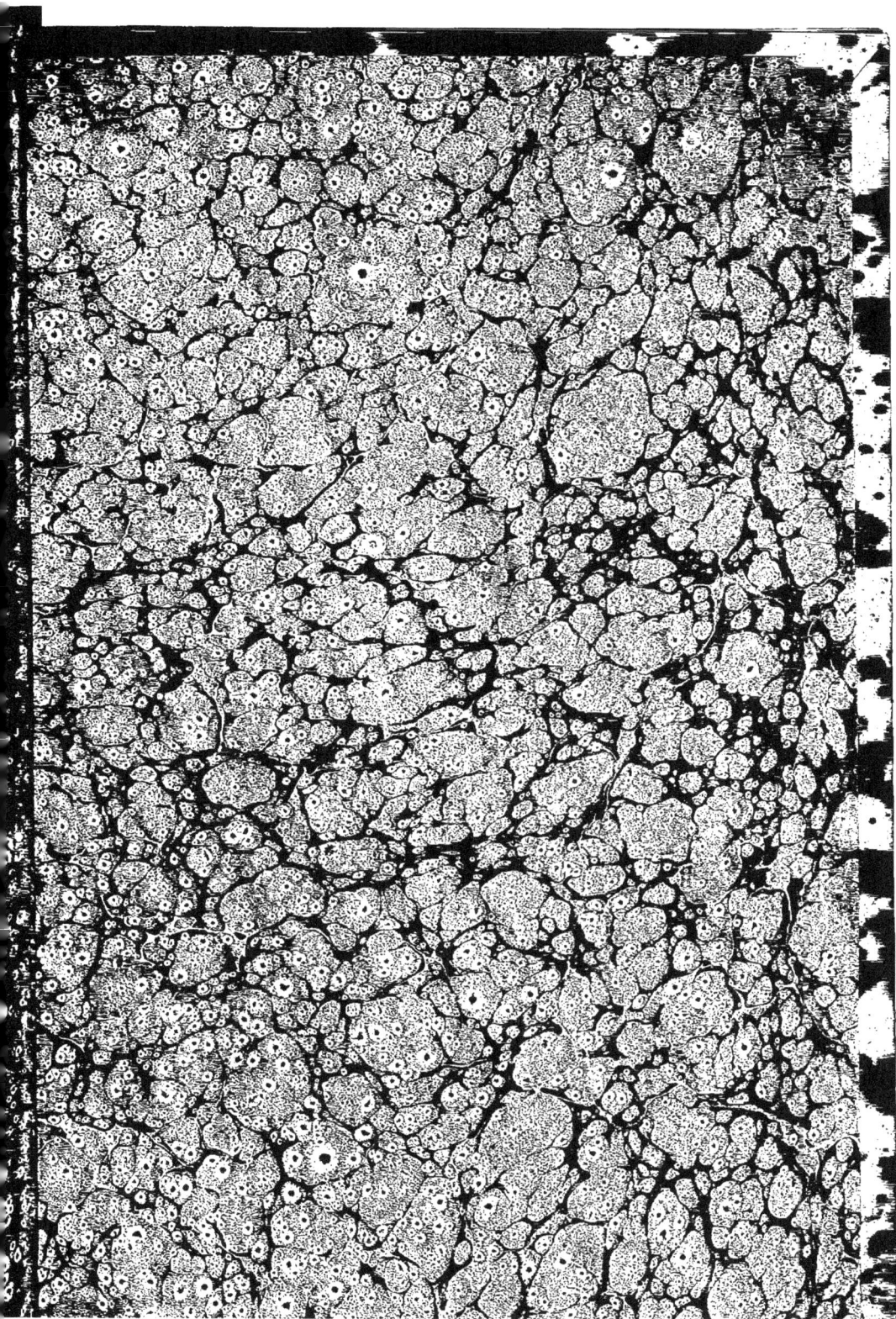

www.ingramcontent.com/pod-product-compliance
Lightning Source LLC
Chambersburg PA
CBHW071210200326
41519CB00018B/5450